JN074672

豊富な記載例と図解で使いやすい!

インボイス制度対応 即効!マニュアル

監査法人アヴァンティア
公認会計士　大山誠

秀和システム

※本書は2023年1月現在の情報を元に執筆しています。制度の内容などについては、その後変更になる可能性があります。予めご了承ください。

はじめに

適格請求書等保存方式（インボイス制度）が令和5年(2023年)10月1日から、開始します。この本は、経理担当者など、インボイス制度に実務で対応しなければならない方に向けて書かれています。

インボイス制度を理解するには、消費税の知識が不可欠ですが、本書を手に取られる方は、消費税について、ある程度の知識・経験をお持ちだと思います。そこで、本書は第1章で消費税について詳しい説明は行わず、インボイス制度で変わる点から話を始めています。

インボイス制度を理解する上で、最低限必要な消費税の知識は第7章にまとめています。消費税の知識について不安のある方は、先に第7章に目を通して、第1章からお読みいただければ、スムーズに理解が進むと思います。

インボイス制度の実務対応では、適格請求書、適格簡易請求書、適格返還請求書に必要とされる事項を記載することが重要になります。第2章では、適格請求書等に必要とされる記載事項をどのように記載すればよいのかについて、詳しく説明します。

第3章では適格請求書発行事業者の注意すべき点、第4章では、仕入税額控除を受けるために留意すべき点について、説明しています。

売上税額の計算と仕入税額の計算には、選択可能な計算方法があります。割戻し計算と積上げ計算のどちらが有利であるのか、適用可能な組み合わせについて、第5章では、詳しく説明します。

フリーランス等免税事業者の方は、適格請求書発行事業者になると、消費税を納付しなければならなくなります。第6章では、現在免税事業者の方が、適格請求書発行事業者登録について、どのようなことを考慮に入れて決定しなければならないかについて、説明します。

また、第8章では昨年12月に公表された「令和5年度与党税制改正大綱」について、概略を解説しています。

本書の特徴として、各章はインボイス制度について初心者である田口さんの疑問で始まり、それに対する小田切さんの回答から展開していきます。切り口は実務に即した疑問から入り、どう対応するのかを説明する構成になっています。

本書では、基本的に国税庁の資料を元に、実務に必要な様式を豊富に掲載しています。

本書が現場の皆様の力となれば、筆者としてこれに勝る喜びはありません。

2023年1月
公認会計士　大山　誠

目次 Contents

はじめに 3
付録PDF「e-Taxを使っての登録申請」のダウンロード 10

第1章
「インボイス制度」はどんな制度？

1-1 仕入や経費で支払った消費税が控除できなくなる？ インボイス制度で変わること① 12
インボイス制度はどんな制度？ 12
1-2 免税事業者からの仕入は納める消費税額が増える？ インボイス制度で変わること② 17
取引している免税事業者が登録しない場合はどうなる？ 17

第2章
適格請求書等保存方式について知ろう

2-1 現行の区分記載請求書等保存方式とは？ 22
現行の区分記載請求書等保存方式を確認しよう：軽減税率制度 22
現行の区分記載請求書等保存方式 23
2-2 「適格請求書」はどんな請求書？ 25
適格請求書の記載事項 25
記載事項の全てを請求書に記載しない場合 28
取引先コードによる記載も可能 30
標準税率の取引のみ、軽減税率の取引のみを行っている場合 31

2-3 取引先が請求書を作らない場合 .33
仕入明細書で仕入税額控除の適用を受けることができる場合. 33
仕入明細書と適格請求書を1枚の書類で交付する場合 .36
2-4 適格簡易請求書に記載が必要な事項は？. 39
適格簡易請求書の記載事項 39
2-5 様式を作成する場合はどこに注意すればよいのか 44
端数計算のルールが統一された. 44
2-6 外貨建取引を行っている場合の適格請求書は？. 48
外貨建取引の場合、適格請求書はどのように記載すればよいか. 48

第3章 発行する場合の注意点を押さえよう

3-1 適格請求書発行事業者は
どこに注意すればよいのか. 54
適格請求書発行事業者の義務 54
適格請求書を交付する義務が課されない場合、免除される場合. 55
3-2 返品や値引を行った場合、どうするか？ 60
適格返還請求書 60
適格請求書と適格返還請求書を1枚の書類で交付する場合. 64
3-3 適格請求書に誤りがあった場合はどうする？. 67
請求書に誤りがあった場合 67
3-4 適格請求書の保存. 70
写し又は電子データを保存する義務 70
電子データによる保存 72
3-5 委託販売の特例等. 75
代理交付・媒介者交付特例とは？. 75

3-6 一括値引の処理 81
一括値引 81
3-7 適格請求書発行事業者の登録日をまたぐ請求書 85
請求書が登録日をまたぐ場合はどうするか 85
3-8 共有資産の譲渡・任意組合等に係る事業 89
共有資産の譲渡・貸付 89
任意組合等の適格請求書の交付 90

第4章 受領する場合の注意点を押さえよう

4-1 仕入税額控除を受けるのに必要なことは？ 96
仕入税額控除に保存が必要な書類は？ 96
保存が必要となる請求書等 99
4-2 誤ったインボイスを受領した場合はどうする？ 102
誤ったインボイスを受領した場合の対応 102
4-3 帳簿の保存だけで仕入税額控除が受けられる取引とは？ 105
仕入税額控除にインボイスが要らない取引は？ 105
帳簿の記載方法 109
4-4 請求書等に係る電子データの保存 112
電子データを保存するには？ 112
4-5 免税業者等からの課税仕入の経過措置を知ろう 115
免税業者等からの課税仕入の経過措置 115
4-6 共同事業の経費、立替払経費の仕入税額控除 119
共同事業としての経費を仕入税額控除するには？ 119
他の事業者による経費の立替を仕入税額控除するには？ 120

4-7 口座振替・見積額の仕入税額控除 122
口座振替の経費を仕入税額控除するには？ 122
見積額の経費を仕入税額控除するには？ 123

第5章 税額計算の方法を理解しよう

5-1 消費税額の計算方法 126
消費税と地方消費税 126
5-2 割戻し計算 130
割戻し計算とは 130
5-3 積上げ計算 135
積上げ計算とは 135
帳簿積上げ計算とは 138
5-4 売上税額の計算は積上げ計算が有利 140
割戻し計算と積上げ計算 140
5-5 適用可能な税額計算の組み合わせを押さえよう 142
適用可能な税額計算の組み合わせは？ 142

第6章
登録申請の手続について

6-1 適格請求書発行事業者の登録方法と提出期限........146
登録申請はいつまでに行う？..146
6-2 「適格請求書発行事業者の登録申請書」の
記載方法は？..............................150
登録申請の記載内容は？..150
個人事業者の記載方法..153
法人の記載方法..156
適格請求書発行事業者として登録できない場合....................159
6-3 フリーランスなどの免税事業者は
どんな注意をすればいいのか..................160
フリーランスの免税事業者は適格請求書発行事業者として、
登録すべきか？..160
6-4 フリーランス等免税事業者の
登録に関する経過措置..........................163
課税事業者登録の経過措置..163
登録日による2年縛り..165
簡易課税制度を選択する場合の特例................................166
6-5 新たに設立された法人等の登録時期.............169
新たに設立された法人等は、いつから適格請求書を発行できる？.........169
6-6 個人事業主が死亡し、
事業継承した場合に手続は必要？................172
相続のあった場合..172
6-7 適格請求書発行事業者の登録を受けた後の留意点...175
登録を受けた後に注意すべきこと..................................175
適格請求書発行事業者の登録の取消................................176

第7章 消費税の基本的な仕組みを押さえよう

7-1 消費税の計算の仕組み 180
消費税はどんな税？ 180
7-2 標準税率と軽減税率 183
標準税率と軽減税率 183
7-3 納税事務の負担軽減措置等 185
事業者免税点制度とは 185
簡易課税制度とは 187

第8章 令和5年度与党税制改正大綱の概要

8-1 令和5年度与党税制改正大綱の緩和措置 190
8-2 免税事業者がインボイス登録した場合の3年間の緩和措置（2割特例） 191
免税事業者がインボイス登録した場合の3年間の緩和措置（2割特例） 191
8-3 少額特例と登録手続の見直し・柔軟化 195
中小企業の1万円未満の仕入・経費のインボイス不要(少額特例) 195

おわりに 198
参考文献及び図版の出典 199

索引 INDEX 200

付録PDF「e-Taxを使っての登録申請」のダウンロード

e-Taxでの登録申請の方法について解説しています。参照される方は以下のURLからダウンロードしてください。

※2023年1月現在の情報です。申請の画面や操作方法は、告知なく変更になる場合がありますのでご了承ください。

https://www.shuwasystem.co.jp/support/7980html/6911.html

●注意

・ダウンロードファイルについて、著作権法及び弊社の定める範囲を超え、無断で複製、複写、転載、ネットワークなどへの配布はできません。

・ダウンロードしたファイルを利用、または、利用したことに関連して生じるデータ及び利益についての被害、すなわち特殊なもの、付随的なもの、間接的なもの、及び結果的に生じたいかなる種類の被害、損害に対しても責任は負いかねますのでご了承ください。

登場人物紹介

田口　綾音（たぐち　あやね）

27歳の女性で新日本商事の経理課員。持ち前の勤勉さに、課長からの信頼も厚い。簿記2級の資格を持っている。会計に関する法改正が会社に影響しないか、アンテナを張るよう常に心がけている。

小田切　豊（おだぎり　ゆたか）

40歳の男性で小田切公認会計士事務所の公認会計士。監査法人勤務後、独立して事務所を開き、現在は税務中心の業務を行っている。新日本商事は顧問になって、8年目。田口のことは、入社の時から知っている。

第1章

「インボイス制度」はどんな制度？

令和5年(2023年)10月1日から始まる「適格請求書等保存方式(インボイス制度)」は、事業者が納める消費税額の計算に関する新しいルールです。

適格請求書等保存方式が始まると、消費税の仕入税額控除には、原則として適格請求書等の保存が必要になります。また、適格請求書等を交付するためには、事前に登録申請を行なわなければなりません。

この章では、適格請求書等保存方式(インボイス制度)が始まるとどのような点が変わるのかについて、簡単に説明します。

1-1

仕入や経費で支払った消費税が控除できなくなる？

インボイス制度で変わること①

- インボイス制度の開始によって、以下の点が変更になります。
- ❶消費税の仕入税額控除の適用を受けるために、適格請求書等の保存が必要になる
- ❷適格請求書等は、登録を受けた事業者以外交付できない
- ❸適格請求書等の受領、未受領によって、納付する消費税額が変わってくる

課長から、インボイス制度への対応を検討するようにといわれました。インボイス制度って、どんな制度なんですか。

一言でいうと、納める消費税額の計算に関する新しいルールだね。

消費税って、売上時に預かった消費税から、仕入や経費に掛かった消費税を引いて、その差額を納める税金ですよね。

インボイス制度の開始後は、請求書が要件を満たさないと、仕入や経費に掛かった消費税として、差し引くことができなくなるんだ。

インボイス制度はどんな制度？

令和5年(2023年)10月1日から始まるインボイス制度は、事業者が納める消費税額の計算に関する新しいルールです。**インボイス制度が開始すると、消費税の仕入税額控除の適用を受けるために、原則として適格請求書等の保存が必要になります。**また、**適格請求書を交付するためには、登録申請を行い、適格請求書発行事業者にならなければなりません。**

この章では、仕入税額控除の適用を受けるために、適格請求書等の保存が必要となることについて、簡単に説明を行います。

通常、消費税の納付額は「売上時に預かった消費税から仕入や経費で支払った消費税を差し引いて」計算します。仕入や経費で支払った消費税額を差し引くことを「仕入税額控除」といいます。

図1.1　消費税額の計算方法

消費税額 ＝ 課税売上に係る消費税額（売上税額） － 課税仕入等に係る消費税額（仕入税額）

↓

仕入税額控除

インボイス制度の開始前、開始後でどのように変わるか、以下の例で考えてみましょう（例1、例2でA商店は簡易課税制度を選択していません）。

例１：インボイス制度開始前

小売業者であるA商店が卸売業者から、77,000円（うち消費税7,000円）の商品を仕入れ、一般消費者に110,000円（うち消費税10,000円）で販売した。

仕入77,000円（うち消費税7,000円）については、区分記載請求書（従来の請求書）を受領している。

インボイス制度の開始前、A商店が納付しなければならない消費税は、売上税額10,000円から仕入税額7,000円を控除した「3,000円」でした。

図1.2 今までの消費税額の計算例

A商店	
売上	100,000円
消費税	10,000円 ①
仕入	70,000円
消費税	7,000円 ②

消費税額の計算　売上税額10,000円①−仕入税額7,000円②=**3,000円**

次にインボイス制度開始後の例を考えます。

例2：インボイス制度開始後

小売業者であるA商店は卸売業者から、77,000円(うち消費税7,000円)の商品を仕入れ、一般消費者に110,000円(うち消費税10,000円)で販売した。

仕入金額77,000円(うち消費税7,000円)のうち、適格請求書を受領したものが、55,000円(うち消費税5,000円)、区分記載請求書(従来の請求書)を受領したものが、22,000円(うち消費税2,000円)であった。

インボイス制度開始後は、原則として適格請求書等を受領したものと受領していないもので扱いが異なります。適格請求書を受領した5,000円分については、仕入税額控除を受けることができますが、受領していない2,000円については、仕入や経費に掛かった消費税として、差し引くことができません。

結果として、納付する消費税額は、10,000円-5,000円=5,000円になります。

図1.3 インボイス制度開始後の消費税額の計算例

A商店		
売上	100,000円	
消費税	10,000円	①
仕入	70,000円	
（適格請求書のあるもの	50,000円）	
（適格請求書のないもの	20,000円）	
消費税	7,000円	
（適格請求書のあるもの	5,000円）	②
（適格請求書のないもの	2,000円）	

消費税額の計算 売上税額10,000円①－仕入税額5,000円②＝**5,000円**

適格請求書のない2,000円が控除できなくなり、
納付する消費税が増加する

前述の例で示したように、適格請求書等を受領し、保存しないと、仕入や経費に掛かった消費税として、差し引くことができなくなるのが、インボイス制度の開始で大きく変わる点です（免税事業者との取引が多い事業者に大きな影響が出ないように、経過措置が設けられています。詳しくは4-5節を参照してください）。

POINT

適格請求書等を受領し、保存しないと、仕入税額控除ができません。

図1.4 仕入税額控除の要件

	～令和5年9月 **【区分記載請求書等保存方式】**	令和5年10月～ **【適格請求書等保存方式】** **（インボイス制度）**
帳簿	一定の事項が記載された帳簿の保存	区分記載請求書等保存方式と同様
請求書等	区分記載請求書等の保存	**適格請求書**(インボイス)等の保存

ここが変わります

出典：国税庁「適格請求書等保存方式の概要-インボイス制度の理解のために-」

インボイス制度が開始されたら、消費税で仕入税額控除するために、適格請求書等を必ず受領するように注意しなければならないということですね。

1-2

免税事業者からの仕入は納める消費税額が増える？
インボイス制度で変わること②

インボイス制度で、以下の点についても変更になります。

❶適格請求書等は、登録を受けた事業者以外交付できない

❷適格請求書発行事業者になると、消費税の課税事業者になる

❸適格請求書等がなければ、原則として消費税の仕入税額控除の適用を受けることはできない

❹免税事業者からの仕入は、通常納める消費税額が増える

適格請求書等を受領できなければ、仕入税額控除ができないことはわかりました。今まで、使っていた請求書を適格請求書の要件を満たすものにすればいいんですね。

請求書の様式を変えるだけでは、不十分だね。適格請求書は、登録を受けた事業者しか交付できないんだ。

取引している免税事業者が登録しない場合はどうなる？

適格請求書は、「適格請求書発行事業者」として登録を受けた事業者でなければ、発行することができません。現在、基準期間または特定期間の課税対象となる売上高が1千万円以下の事業者は、消費税の納付が免除される免税事業者になっています。インボイス制度導入後、適格請求書発行事業者になることは、課税事業者になることになり、今までの免税事業者も消費税の申告納税が必要となります。そのため、免税事業者は課税事業者にならなければ、適格請求書を発行できなくなります。

免税事業者が適格請求書発行事業者とならない場合、どのような影響が出るのかについて、確認します。

以下の2つの例を比較してみましょう。どちらのケースも商品は一般消

費者に110,000円（うち消費税10,000円）で販売したとします。

> 小売業者であるA商店が、同一の商品を「適格請求書発行事業者B商店から、77,000円（うち消費税7,000円）の商品を仕入れる場合」（ケース1）と「免税事業者C商店から、71,500円（うち消費税6,500円）の商品を仕入れる場合」（ケース2）

図1.5 適格請求書発行事業者と免税事業者の比較

（ケース1）

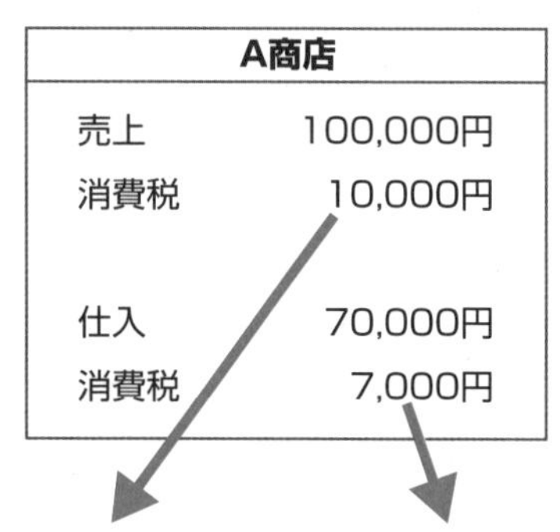

消費税額の計算

売上税額10,000円－仕入税額7,000円＝**3,000円**

利益＝売上100,000円－仕入70,000円＝30,000円

（ケース2）

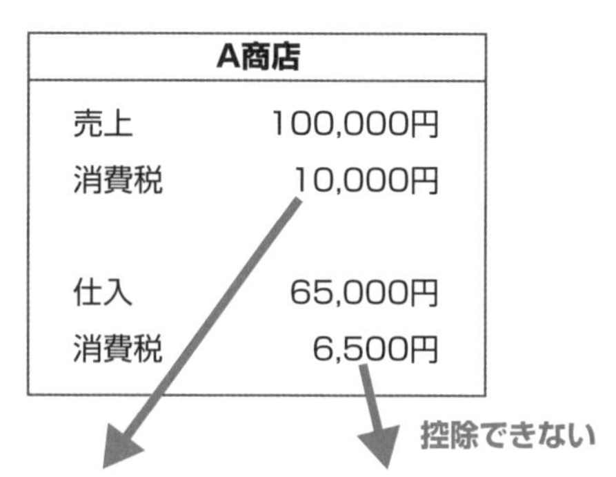

消費税額の計算

売上税額10,000円－仕入税額0円＝**10,000円**

利益＝売上100,000円－仕入65,000円－仕入税額6,500円＝28,500円

同じ商品の仕入が、B商店では77,000円、C商店では71,500円ですので、一見C商店から仕入れた方が得に見えます。

ところがB商店からは適格請求書を受領できますので、仕入や経費にかかった消費税として、7,000円は売上税額10,000円から控除することができ、納付する消費税は3,000円になります。

一方、C商店は免税事業者ですので、適格請求書を発行できません。その結果仕入や経費にかかった消費税として、6,500円は売上税額10,000円から控除できなくなり、納付する消費税は10,000円になります。

結果として、B商店から仕入れた場合の利益は30,000円、C商店から仕入れた場合の利益は28,500円となり、B商店から仕入れた方が1,500円の得になることになります。

このようにインボイス制度が開始された後は、**原則として免税事業者からの仕入は仕入税額控除ができないため、納める消費税額が増えることに留意する必要があります（免税事業者との取引が多い事業者に大きな影響が出ないように、経過措置が設けられています。詳しくは4-5節を参照してください）。**

適格請求書発行事業者しか、適格請求書を発行できないとすると、取引先が適格請求書発行事業者であるか、最初に確認する必要が出てきますね。

第2章

適格請求書等保存方式について知ろう

適格請求書等保存方式（インボイス制度）が始まると、適格請求書発行事業者は適格請求書を発行することになります。この適格請求書には、どのような記載事項が必要になるのでしょうか。

この章では、「適格請求書」、及び、小売業者などに発行が認められる「適格簡易請求書」の記載事項について説明します。また、適格請求書等保存方式（インボイス制度）開始以降に変わる端数計算の方法、外貨建取引を行っている場合の適格請求書の記載方法にも触れています。

2-1

現行の区分記載請求書等保存方式とは？

- 現行の区分記載請求書等保存方式は、複数税率に対応する請求書の記載方式です。
- これまでの記載に加えて、以下の記載が義務づけられています。
- ❶軽減税率の対象である旨の表記
- ❷税率ごとに区分して合計した税込対価の額

当社でも、インボイス制度に対応するため、請求書の様式見直しが始まりました。適格請求書にはどんな事項が記載されていればいいんですか？

適格請求書について学習する前に、現行の区分記載請求書等保存方式を復習しておこう。

現行の区分記載請求書等保存方式を確認しよう：軽減税率制度

適格請求書の記載事項を理解するには、軽減税率を知っておく必要があります。軽減税率について、よく理解されている方は、この節は飛ばして次の節からお読みください。

消費税及び地方消費税(以下消費税等といいます)の税率は令和元年(2019年)10月1日に、8%から10%に引き上げられました。

これと同時に「酒類・外食を除く飲料食品」と「定期購読契約が締結された週2回以上発行される新聞」を対象に消費税の軽減税率制度が実施されています。

このため現在の消費税は標準税率10%、軽減税率8%の複数税率になっています。

 現行の区分記載請求書等保存方式

税率が複数になると、どの品目にどの税率が適用されているのかが、わかりづらくなります。そこで導入されたのが、現在の「区分記載請求書等保存方式」です。それまで必須の記載事項であった「①請求書発行者の氏名又は名称」「②取引年月日」「③取引内容」「④取引金額」「⑤請求書受領者の氏名または名称」に加えて、「⑥軽減税率の対象である旨の表記」「⑦税率ごとに区分して合計した税込対価の額」の記載が義務づけられました。

区分記載請求書等の記載事項は以下の通りです。

図2.1　区分記載請求書等の記載事項

区分記載請求書等	消費税8%時の請求書等	記載項目
区分記載請求書等	消費税8%時の請求書等	①請求書発行者の氏名または名称
区分記載請求書等	消費税8%時の請求書等	②取引年月日
区分記載請求書等	消費税8%時の請求書等	③取引内容
区分記載請求書等	消費税8%時の請求書等	④取引金額
区分記載請求書等	消費税8%時の請求書等	⑤請求書受領者の氏名または名称
区分記載請求書等		⑥軽減税率の対象である旨の表記
区分記載請求書等		⑦税率ごとに区分して合計した税込対価の額

⑥と⑦が追加になった

また、仕入や経費で支払った消費税を控除するには、区分記載請求書等とともに、税率の区分を記載した帳簿を保存する必要があります。

帳簿の記載事項となるのは、以下の5点です

❶ 課税仕入の相手方の氏名又は名称

❷ 取引年月日

❸ 取引内容

❹ 対価の額

❺ 軽減税率の対象であることの表記

図2.2 区分記載請求書等保存方式にしたがった場合の帳簿と区分記載請求書の記載例

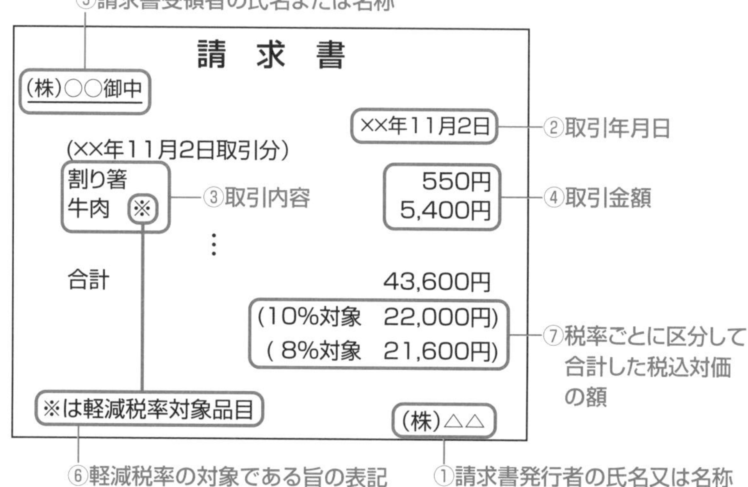

❶課税仕入の相手方の氏名又は名称

❷取引年月日

❸取引内容

総勘定元帳(仕入) ㈱○○

XX年 月	日	摘要		借方	貸方
11	2	㈱△△	雑貨	22,000	
11	2	㈱△△	食料品 ※	21,600	
⋮	⋮	⋮		⋮	⋮

※は軽減税率対象品

❺軽減税率の対象であることの表記

❹対価の額

出典:国税庁「適格請求書等保存方式の概要-インボイス制度の理解のために-」より作成

2-2

「適格請求書」はどんな請求書？

- 適格請求書に記載が必要となる事項は以下の6つです。
- ❶事業者の氏名又は名称及び登録番号
- ❷取引年月日
- ❸取引内容
- ❹税率ごとに区分して合計した対価の額及び適用税率
- ❺税率ごとに区分した消費税額等
- ❻書類の交付を受ける事業者の氏名又は名称

区分記載請求書等保存方式については、しっかり理解できました。適格請求書にはどんな事項が記載されていればいいんですか？

国税庁からは、適格請求書について6つの記載事項が示されているね。

適格請求書の記載事項

適格請求書について、様式は法令又は通達等でも定められていません。必要な事項が記載されたものであれば、請求書、レシートなど、名称は問いません。また、手書きであっても適格請求書に該当します。

記載が必要なのは次の6項目です。

① 事業者の氏名又は名称及び登録番号
② 取引年月日
③ 取引内容(軽減税率の対象項目である旨)
④ 税率ごとに区分して合計した対価の額(税抜又は税込)及び適用税率
⑤ 税率ごとに区分した消費税額等
⑥ 書類の交付を受ける事業者の氏名又は名称

また、国税庁の公表している「適格請求書等保存方式の概要-インボイス制度の理解のために-」には、適格請求書の記載例が掲載されています。こちらを基に記載事項について、説明を行います。

図2.3 適格請求書の記載例

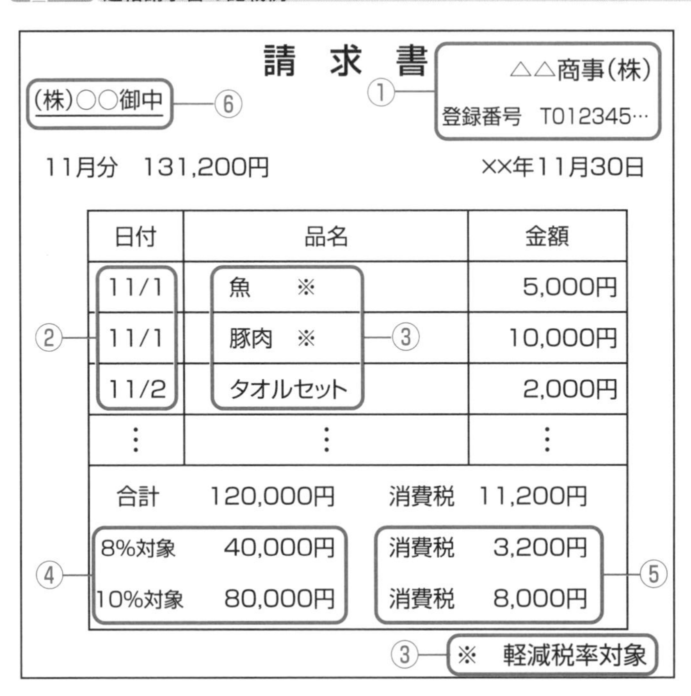

請求書

(株)○○御中 ⑥

① △△商事(株)
登録番号 T012345…

11月分 131,200円　　××年11月30日

日付	品名	金額
11/1	魚 ※	5,000円
11/1	豚肉 ※	10,000円
11/2	タオルセット	2,000円
⋮	⋮	⋮

合計 120,000円　消費税 11,200円

④ 8%対象 40,000円　消費税 3,200円 ⑤
10%対象 80,000円　消費税 8,000円

② ③

③ ※ 軽減税率対象

出典：国税庁「適格請求書等保存方式の概要-インボイス制度の理解のために-」

① 発行事業者の氏名または、会社名を記載します。ここでは適格請求書発行事業者としての登録番号を必ず記載することが重要になります。

② 取引を行った年月日を記載します。

③ 物品を販売する場合は取引品目、サービスを提供する場合は取引内容を記載します。また、その中に軽減税率対象のものがあれば、対象品目であることを明らかにする必要があります。上記の記載例では、「※　軽減税率対象」という記載とともに、対象品目の品名の末尾に※印をつけ、対象品目を明らかにしています。

④ 税率ごとに区分して、対価の額の合計とそれぞれの適用税率を記載します。通常8%と10%に区分し、対価の合計額を記載します。対価の額は税抜、税込どちらで記載しても大丈夫です。
⑤ 税率ごとに区分した消費税額等を記載します。通常8%と10%に区分し、消費税額を記載します。
⑥ 書類を交付する事業者の氏名又は名称を記載します。請求書を渡す相手の氏名、または会社名等を記載することになります。

登録番号は、適格請求書発行事業者として登録された後、「登録通知書」で通知されます。
登録番号の構成は以下のとおりです。

「T」(ローマ字)＋数字13桁
(数字13桁は法人番号を有する場合、法人番号になります)

登録番号は適格請求書等に以下のように記載できます。記載については、半角、全角どちらを用いても、問題はありません。

・T1234567890123
・T-1234567890123

また、**適格請求書は、書面で交付するのではなく、電子データで提供することができます。**電子データでの記録事項は、上記の書面で適格請求書を交付する場合と同じです。提供方法としては、受発注に使うオンラインシステムを利用した連絡、電子メールでの送信、インターネット上のサイトを使った提供、USBメモリなどの記録用媒体での提供などがあります。

今までの区分記載請求書を見直しするならば、(1)適用税率、(2)税率ごとに区分した消費税額等、(3)登録番号の３つを追加しなければならないということですね。

記載事項の全てを請求書に記載しない場合

この内容を全て新しい請求書に盛り込むとなると、システムの仕様も含めて、かなりの変更が必要ですね。

記載事項は全て請求書に記載しなくても、納品書とか、関連がはっきりしている複数の書類を合わせて、全ての記載事項が満たされていればいいんだよ。

消費税の仕入税額控除の適用を受けるためには、適格請求書等を受領しなければなりません。この場合、一つの書類のみで、全ての記載事項を満たす必要はありません。

例えば、請求書と納品書など、**複数の書類で記載事項を満たしていれば、これらの書類を合わせて、一つの適格請求書とすることができます。**

POINT

記載事項は全て請求書に記載しなくても、複数の書類で記載事項を満たしていれば、合わせて適格請求書とできます。

図2.4 請求書と納品書で記載事項を満たす場合

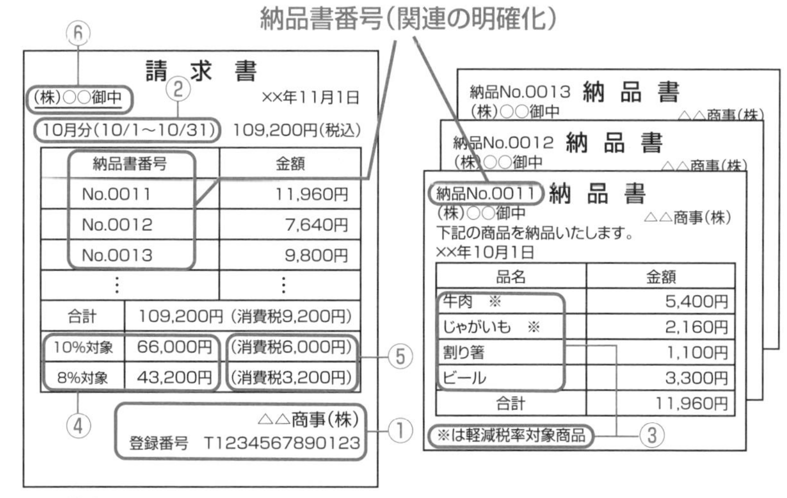

記載事項

①適格請求書発行事業者の氏名又は名称及び登録番号

②取引年月日

③取引内容(軽減税率の対象品目である旨)

④税率ごとに区分して合計した対価の額(税抜又は税込)及び適用税率

⑤税率ごとに区分した消費税額等

⑥書類の交付を受ける事業者の氏名又は名称

出典：国税庁「適格請求書等保存方式の概要-インボイス制度の理解のために-」

上記は、記載事項の③取引内容(軽減税率の対象品目である旨)が納品書に記載される例です。

この他、国税庁の公表している「適格請求書等保存方式の概要-インボイス制度の理解のために-」には、「契約書及び通帳又は払込金受取書を合わせて適格請求書とする」例があげられています。

事務所の賃貸借のように、通常、契約書に基づいて代金決済が行われ、取引のたびに、請求書や領収書が交付されない取引の場合、請求書がなく、仕入税額控除の適用を受ける方法に困ると思います。

このような取引では、適格請求書の記載事項の一部(課税資産の譲渡等の年月日以外の事項)が記載された契約書と通帳又は銀行が発行した振込金受取書(課税資産の譲渡等の年月日を示すもの)を合わせて記載事項を満たしていることがあります。

この場合、契約書と通帳又は払込受取書を合わせて、一つの適格請求書とすることが可能です(4-7節も参照してください)。

請求書だけでなく、複数の書類を合わせて適格請求書とすることもできるんですね。

取引先コードによる記載も可能

小田切さん、他にも簡単に適格請求書とすることができる方法があれば、教えてください。

請求書に取引先コードを記載していれば、登録番号の記載があるものと取り扱われる場合もあるんだ。

適格請求書には、原則として「適格請求書発行事業者の氏名又は名称」と「登録番号」の記載が必要です。

以下の場合については、請求書等に取引先コードの記載があれば、「適格請求書発行事業者の氏名又は名称」と「登録番号」の記載があるものとして取り扱われます。

① 登録番号と紐付けて管理されている取引先コード表などを相手方と共有している
② かつ、買手においても取引先コード表などから登録番号が確認できる

図2.5 取引先コードによる記載

請　求　書　××年11月30日

(株)○○御中

△△商事(株)

11月分　131,200円

取引先コードC016

日付	品名	金額
11/1	魚　※	5,000円
11/1	豚肉　※	10,000円
11/2	タオルセット	2,000円
⋮	⋮	⋮

合計	120,000円	消費税	11,200円
8%対象	40,000円	消費税	3,200円
10%対象	80,000円	消費税	8,000円

※　軽減税率対象

登録番号を取引先コード表で別途共有している場合、登録番号の記載があるものとして取り扱う

出典：国税庁「適格請求書等保存方式の概要-インボイス制度の理解のために-」

この方法だと、請求書に「登録番号」を記載しなくても大丈夫なんですね。得意先と取引先コードはすぐに共有できると思いますから、この方法の採用を部内で検討してみます。

標準税率の取引のみ、軽減税率の取引のみを行っている場合

ウチの会社、標準税率の取引しか行っていないんですよ。この場合も、8% 対象という項目は必ず必要なんですか。

交付する適格請求書に「8% 対象　0 円」という記載は不要だよ。

適格請求書発行事業者は、標準税率の取引のみを行っている場合でも、取引の相手方(課税事業者に限ります)から交付を求められたときは、適格請求書を交付しなければなりません。

この場合、交付する適格請求書に「8％対象 0円」といった記載は不要です。

標準税率の取引のみを行っている場合、適格請求書の記載は以下のようになります。

図2.6 標準税率の取引のみを行っている場合の適格請求書の記載例

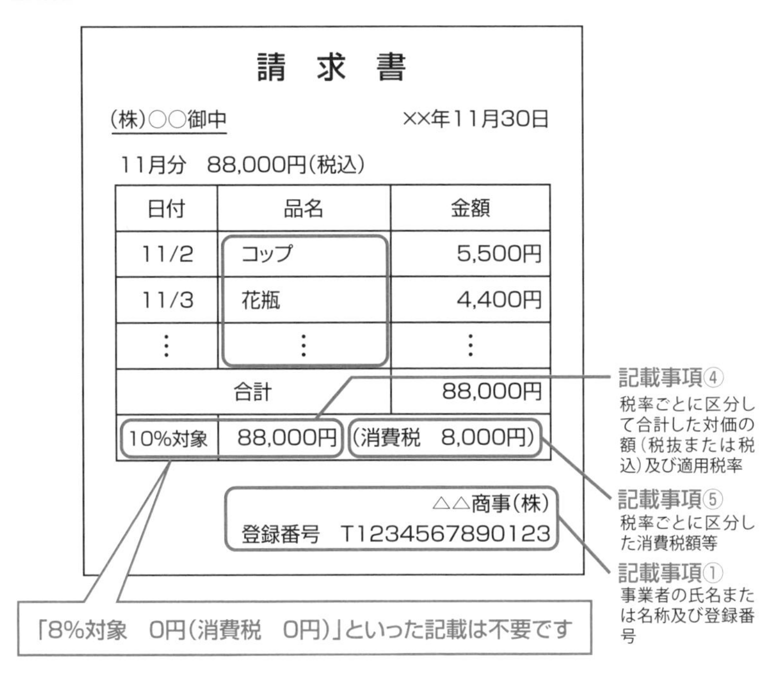

出典：国税庁軽減税率・インボイス制度対応室「消費税の仕入税額控除制度における適格請求書等保存方式に関するQ&A 問60」より作成

「８％対象 ０円」といった記載が不要だと、記載も少しシンプルになりますね。

2-3 取引先が請求書を作らない場合

インボイス制度開始後も、一定の要件(以下❶～❹)を満たせば、買手が作成する「仕入明細書等」で、仕入税額控除の適用を受けることができます。

❶課税仕入の相手方において、資産の譲渡等に該当すること
❷一定の事項が記載されていること
❸課税仕入の相手方の登録番号を記載すること
❹課税仕入の相手方の確認を受けること

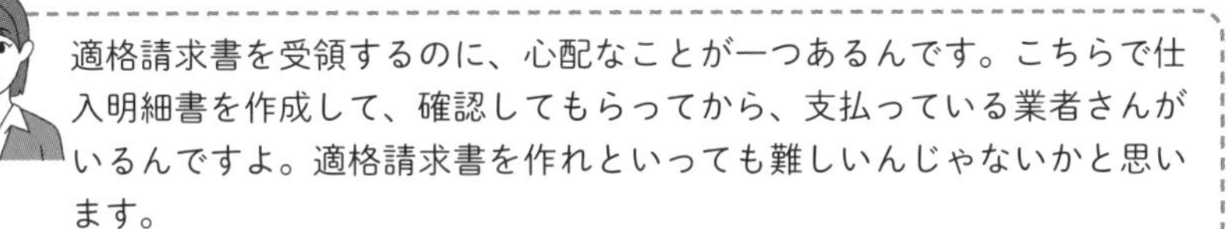

一定の条件を満たせば、仕入明細書等を保存すれば、仕入税額控除の適用を受けることもできるんだ。

仕入明細書で仕入税額控除の適用を受けることができる場合

インボイス制度が導入されても、課税仕入の相手方が適格請求書発行事業者であれば、買手が作成する一定の事項が記載された仕入明細書等を保存することで、仕入税額控除の適用を受けることができます。この場合、仕入税額控除の適用を受けることができるのは、該当する取引が、課税仕入の相手方において、資産の譲渡等に該当するものに限られます。資産の譲渡等とは、事業として有償で行われる資産の譲渡、資産の貸付け及び役務の提供をいいます。

例をあげると、商品や製品の販売の他、事業用設備を売却することが資産の譲渡に当たります。資産の貸付けには、資産に係る権利の設定な

ど他の者に資産を使用させる全ての行為が含まれます。また、役務の提供は、土木工事、修繕、運送、保管、印刷、広告、仲介、興行、宿泊、飲食、情報の提供、出演などのサービスを提供することをいいます。

仕入明細書の記載事項は以下の６つです。

① 仕入明細書等の作成者の氏名又は名称
② 課税仕入の相手方の氏名又は名称及び登録番号
③ 課税仕入を行った年月日
④ 課税仕入の内容(軽減税率の対象品目である旨)
⑤ 税率ごとに区分して合計した課税仕入に係る支払対価の額及び適用税率
⑥ 税率ごとに区分した消費税額等

インボイス制度に対応した仕入明細書の記載例を以下に示します。

POINT

課税仕入の相手方が適格請求書発行事業者であれば、買手が作成する仕入明細書等の保存で、仕入税額控除の適用を受けることができます。

図2.7 インボイス制度に対応した仕入明細書の記載例

仕入明細書等の保存で仕入税額控除の適用を受けるには、課税仕入の相手方の登録番号を記載することと、課税仕入の相手方の確認を受けることが重要です。

相手方の確認を受ける方法として、上記の記載例では、「送付後一定期間内に連絡がない場合、確認済とします」という文言を記載し、相手方の確認を受けるようにしています。

この他の確認を受ける方法として、国税庁の公表している「適格請求書等保存方式の概要-インボイス制度の理解のために-」には以下の3つの方法が例示されています。

(1)実際の書類に確認済の署名等をもらう

実際に仕入明細書等を持参し、相手方から署名、または印などをもらう方法です。

(2)受発注に使用するオンラインシステムで確認を受ける機能を設ける

受発注に使うシステムに、仕入明細書を送付の都度、相手方が確認を入力できる機能を設ければ、対応できます。

(3)電子メールで確認した旨の返信を受ける

電子メールの返信に確認した旨を記載してもらう方法です。

POINT

仕入明細書等の保存で仕入税額控除の適用を受ける場合でも、取引先が適格請求書発行事業者であることが、必要だということですね。

仕入明細書と適格請求書を1枚の書類で交付する場合

うちの会社では、当社で作った仕入明細書から、当社が行った配送の費用を控除してるんです。この場合、適格請求書は発行しなくてもいいですよね。

配送料も相手から交付を求められたら、適格請求書を発行しなければならないんだ。こんな場合には、仕入明細書と適格請求書を１枚の書類で交付することもできるよ。

適格請求書発行事業者は、取引の相手方(課税事業者)から交付を求められたら適格請求書を発行しなければなりません。

仕入明細書を作成し、会社が行った配送の費用を控除している場合でも、配送料は、適格請求書を交付する必要があります。

この場合、以下の2つの方法が考えられます。

(1)配送料について、仕入明細書とは別に適格請求書を交付する
(2)仕入明細書に配送料に係る適格請求書の記載事項を合わせて記載し1枚の書類で交付する

(2)の場合、1枚の書類に仕入明細書と適格請求書の記載事項の全てを記載する必要があります。

図2.8　仕入明細書と適格請求書を1枚の書類で交付する場合

仕入明細書

XX年11月30日

(株)〇〇御中
登録番号T1234567890123

△△商店(株)
登録番号T9876543210987

11月分　127,900円(税込)

日付	品名	金額
11/1	いちご　※	5,400円
11/2	牛肉　※	10,800円
11/2	キッチンペーパー	2,200円
⋮	⋮	⋮
仕入金額合計(税込)		131,200円
10%対象	88,000円（消費税8,000円）	
8%対象	43,200円（消費税3,200円）	
控除税額(10%対象)	11月分 配送料	3,300円(消費税300円)
支払金額合計(税込)		127,900円

※印は軽減税率対象品目

出典：国税庁軽減税率・インボイス制度対応室「消費税の仕入税額控除制度における適格請求書等保存方式に関するQ&A　問75」

図2.8の記号①～⑥、㋑～㋬は仕入明細書、適格請求書の下記の記載事項に対応しています。

仕入明細書の記載事項

① 仕入明細書等の作成者の氏名又は名称
② 課税仕入の相手方の氏名又は名称及び登録番号
③ 課税仕入を行った年月日
④ 課税仕入の内容(軽減税率の対象品目である旨)
⑤ 税率ごとに区分して合計した課税仕入に係る支払対価の額及び適用税率
⑥ 税率ごとに区分した消費税額等

適格請求書の記載事項

㋑ 事業者の氏名又は名称及び登録番号
㋺ 取引年月日
㋩ 取引内容
㊁ 税率ごとに区分して合計した対価の額及び適用税率
㋭ 税率ごとに区分した消費税額等
㋬ 書類の交付を受ける事業者の氏名又は名称

1枚の書類に仕入明細書と適格請求書の記載事項の全てが記載されていることが確認できます。

仕入明細書と適格請求書を合わせて作成できるんだったら、1枚の書類ですんで便利ですね。

2-4

適格簡易請求書に記載が必要な事項は？

不特定多数の者に対して販売等を行う事業者については、適格請求書に代えて、適格簡易請求書を交付することができます。適格簡易請求書に記載が必要となる事項は以下の5つです。交付先は書かなくとも大丈夫です。

❶事業者の氏名又は名称及び登録番号
❷取引年月日
❸取引内容
❹税率ごとに区分して合計した対価の額
❺税率ごとに区分した消費税額等又は適用税率

適格請求書の記載事項に「書類の交付を受ける事業者の氏名又は名称」があるのですけれど、小売店とか、不特定多数の相手と商売している会社はひとつひとつ相手先を記載するとなると大変ですね。

小売業、飲食店業、タクシー業など、不特定多数の相手に販売する場合は、適格簡易請求書の交付ができるんだ。

適格簡易請求書の記載事項

適格請求書発行事業者は、取引の相手方の求めに応じて、適格請求書を発行するのが原則です。しかし、この原則を不特定多数の相手と取引をしている事業者にあてはめると、請求書または領収書を発行する際にそれぞれ相手先を記載しなければならなくなり、実務としては煩雑になります。

そこで、不特定多数の者に対して販売等を行う事業者については、適格請求書に代えて、適格簡易請求書を交付することを認めています。適格請求書と適格簡易請求書との違いは、後述します。

適格簡易請求書を交付できる事業は次の７つです。

(1)小売業
(2)飲食店業
(3)写真業
(4)旅行業
(5)タクシー業
(6)駐車場業(不特定かつ多数のものに対するものに限ります)
(7)その他これらの事業に準ずる事業で不特定かつ多数のものに資産の譲渡等を行う事業

わかりづらいのは、「(7)その他これらの事業に準ずる事業で不特定かつ多数のものに資産の譲渡等を行う事業」です。

「不特定かつ多数のものに資産の譲渡等を行う事業」については、個々の事業の性質により判断するとされています。「資産の譲渡等を行うものが資産の譲渡等を行う際に相手方の氏名又は名称等を確認せず、取引条件等を前もって提示して相手方を問わず、広く資産の譲渡等を行うことが常態である事業」が例示されています。

適格簡易請求書についても、様式は法令又は通達等で定められていません。

適格簡易請求書に記載が必要となる事項は以下の5項目です。

① 事業者の氏名又は名称及び登録番号
② 取引年月日
③ 取引内容(軽減税率の対象品目である旨)
④ 税率ごとに区分して合計した対価の額(税抜又は税込)
⑤ 税率ごとに区分した消費税額等又は適用税率

適格請求書と比較すると、「書類の交付を受ける事業者の氏名又は名称」の記載が不要となった点、適格請求書では、どちらも記載しなければならなかった「税率ごとに区分した消費税額等」「適用税率」がどちらか一方の記載で済む点が異なっています。

国税庁の公表している「適格請求書等保存方式の概要-インボイス制度の理解のために-」には、適格簡易請求書の記載例が掲載されています。こちらを基に記載事項について、確認します。

図2.9　適格簡易請求書の記載例（適用税率と消費税額の両方を記載する場合）

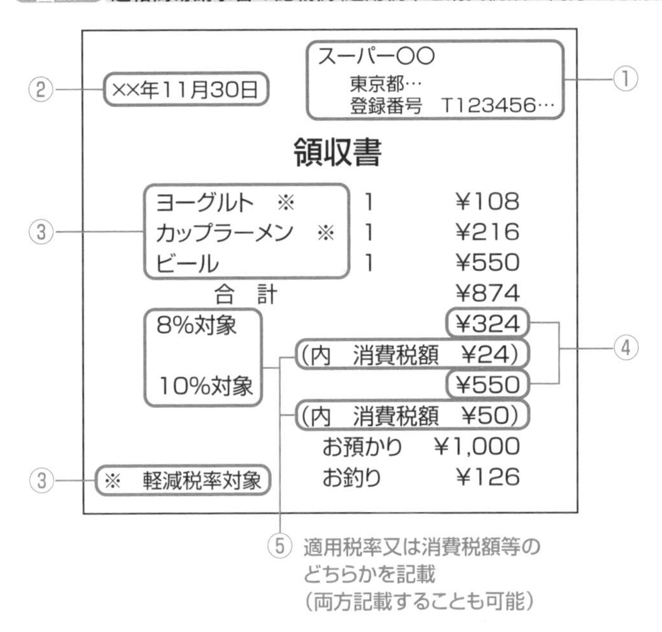

出典：国税庁「適格請求書等保存方式の概要-インボイス制度の理解のために-」

① 発行事業者の氏名または、会社名を記載します。ここでは適格請求書発行事業者としての登録番号を必ず記載することが重要になります。

② 取引を行った年月日を記載します。

③ 物品を販売する場合は取引品目、サービスを提供する場合は取引内

容を記載します。また、その中に軽減税率対象のものがあれば、対象品目であることを明らかにする必要があります。上記の記載例では、「※　軽減税率対象」という記載とともに、対象品目の品名の末尾に※印をつけ、対象品目を明らかにしています。

④ 税率ごとに区分して、対価の額の合計とそれぞれの適用税率を記載します。通常8%と10%に区分し、対価の合計額を記載します。対価の額は税抜、税込どちらで記載しても大丈夫です。

⑤ 適用税率又は消費税額等のどちらかを記載します。両方を記載することも可能です。

図2.9は適用税率と消費税額の両方を記載する例です。適用税率のみを記載する例、税率ごとに区分した消費税額等のみを記載する例をそれぞれ以下に示します。

図2.10 適格簡易請求書の記載例（適用税率のみを記載する場合）

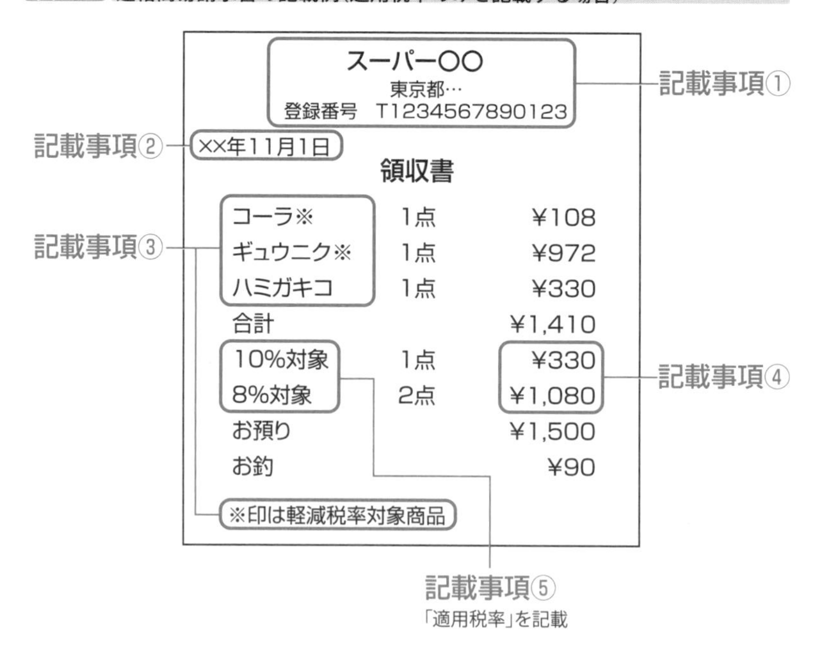

出典：国税庁軽減税率・インボイス制度対応室「消費税の仕入税額控除制度における適格請求書等保存方式に関するQ&A　問47」

図2.11　適格簡易請求書の記載例（税率ごとに区分した消費税額等のみを記載する場合）

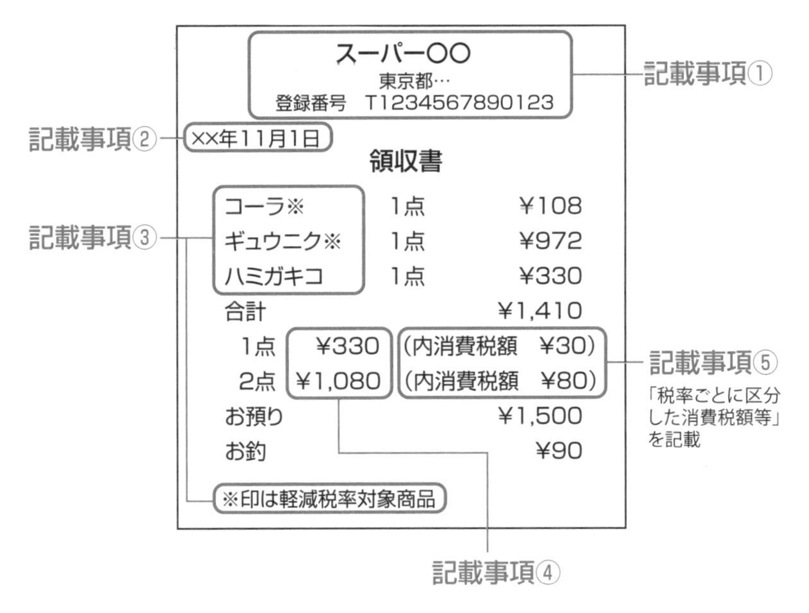

出典：国税庁軽減税率・インボイス制度対応室「消費税の仕入税額控除制度における適格請求書等保存方式に関するQ&A　問47」

不特定多数の相手と商売している会社は適格簡易請求書を作成すればいいんですね。

2-5

様式を作成する場合はどこに注意すればよいのか

様式を作成する場合、記載事項と合わせて、以下の点に注意が必要です。

❶適格請求書等保存方式では、適格請求書に記載する「消費税額等」の計算方法が定められている

❷端数処理は適格請求書1枚当たり、8%、10%の税率ごとに各1回だけになる

❸個々の商品ごとに消費税額を計算し、その消費税額を税率ごとに合計することは認められなくなる

ようやく適格請求書について、少しわかってきました。適格請求書の様式を作る上で、他にも注意しなければならないことがあれば、教えてください。

消費税の端数処理のルールが統一されたことには注意する必要があるね。古い計算方法の請求書では相手方が仕入控除できないから、請求書を再発行することになるよ。

端数計算のルールが統一された

適格請求書等保存方式では、適格請求書に記載する「消費税額等」の計算方法が以下のように決められています。

取引に係る税抜価額又は税込価額を税率ごとに区分して合計した金額に対して、10%又は8%（税込の場合は10/110又は8/108)を乗じて得た金額に対して端数処理を行う

そのため、適格請求書の記載事項である「税率ごとに区分した消費税額等」に1円未満の端数が生じる場合には、1枚の適格請求書につき、税率ごとに1回の端数処理を行うことになります。また、端数処理は、「切り上げ」「切り捨て」「四捨五入」など任意の方法で行うことができます。

この説明だけではわかりづらいと思いますので、記載例に基づいて、説明します。

まず、消費税額の計算には「(1)税抜金額を基に消費税額を計算する場合」「(2)税込金額を基に消費税額を計算する場合」の2通りがあります。

(1)税抜金額を基に消費税額を計算する場合

下記の図2.12のように、税抜価額を税率ごとに区分して合計した金額27,060円に対して8%、28,158円に10%を乗じて得た金額に端数処理を行う方法は、適格請求書等保存方式で認められる端数処理になります。

図2.12 認められる例

請求書

○○㈱　御中　　　　××年11月30日

(株)△△

(T123…)

請求金額(税込)60,197円

※は軽減税率対象

取引年月日	品名	数量	単価	税抜金額	消費税額
11/2	トマト※	83	167	13,861	(注) −
11/2	ピーマン※	197	67	13,199	−
11/15	花	57	77	4,389	−
11/15	肥料	57	417	23,769	−
8%対象計				27,060 → 端数処理	2,164
10%対象計				28,158 → 端数処理	2,815

(注)個々の商品ごとの消費税額を参考として記載することは問題ありません

出典：国税庁「適格請求書等保存方式(インボイス制度)の手引き」より作成

次ページの図2.13のように、トマト、ピーマン、花、肥料など個々の商品ごとに消費税額を計算し、その計算した消費税額を税率ごとに合計し、適格請求書の記載事項とする方法は、適格請求書等保存方式導入後、認められない方法になります。

図2.13　認められない例

取引年月日	品名	数量	単価	税抜金額	消費税額
11/2	トマト　※	83	167	13,861	1,108
11/2	ピーマン　※	197	67	13,199	1,055
11/15	花	57	77	4,389	438
11/15	肥料	57	417	23,769	2,376
8%対象計				27,060	2,163
10%対象計				28,158	2,814

出典：国税庁「適格請求書等保存方式（インボイス制度）の手引き」

(2)税込金額を基に消費税額を計算する場合

図2.14　認められる例

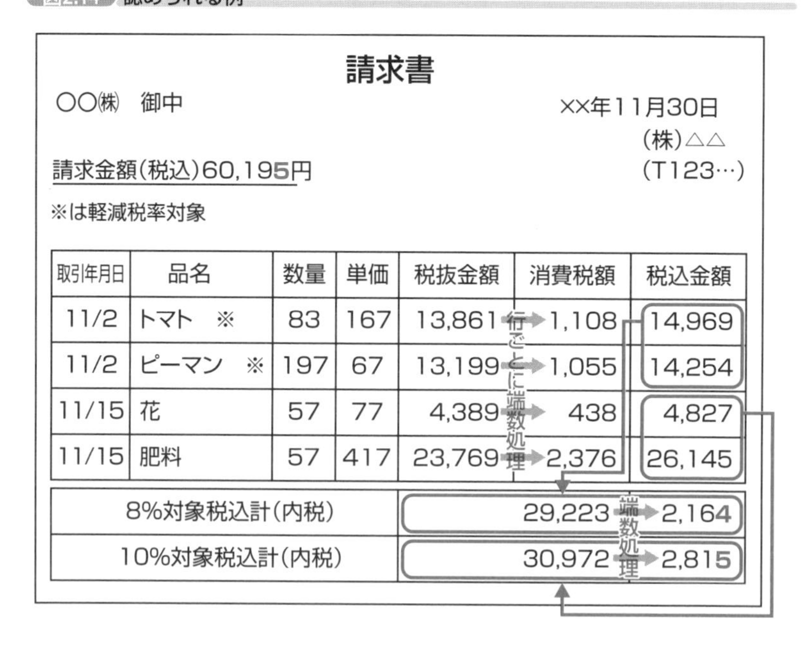

請求書

○○㈱　御中

××年11月30日
(株)△△
(T123…)

請求金額(税込)60,195円

※は軽減税率対象

取引年月日	品名	数量	単価	税抜金額	消費税額	税込金額
11/2	トマト　※	83	167	13,861	1,108	14,969
11/2	ピーマン　※	197	67	13,199	1,055	14,254
11/15	花	57	77	4,389	438	4,827
11/15	肥料	57	417	23,769	2,376	26,145

8%対象税込計(内税)	29,223	2,164
10%対象税込計(内税)	30,972	2,815

出典：国税庁「適格請求書等保存方式（インボイス制度）の手引き」

図2.14のように税込価額を税率ごとに区分して合計した金額に対して10/110又は8/108を乗じて得た金額に端数処理を行う方法は、適格請求書等保存方式で認められる端数処理になります。

29,223円(8%対象税込計)×8/108=2,164円(切捨)
30,972円((10%対象税込計)×10/110=2,815円(切捨)

また、税込金額の算出に個々の商品ごとの消費税を計算し、その消費税額について端数処理を行うことは、値決めのための参考に利用するものであり、事業者の任意です。しかし、その合計金額を適格請求書の消費税額とすることはできません。

適格請求書等保存方式導入後は、個々の商品ごとに消費税額を計算して合計する方法が認められなくなったことは、本当に注意しなければいけませんね。

2-6

外貨建取引を行っている場合の適格請求書は？

- 外貨建で取引を行っている場合、適格請求書は以下の点に注意が必要です。
- ❶外貨建でおこなう取引であっても、適格請求書に記載が必要な事項は変わらない
- ❷「税率ごとに区分した消費税額等」以外は、外国語、外貨で記載してもよい
- ❸「税率ごとに区分した消費税額等」は、円換算した金額を記載しなければならない（円換算の方法は4通りある）

ウチの会社、一部米ドル建てで取引を行っているんですが、この場合、適格請求書はどうなるんですか？

記載事項を外国語や外貨で記載してもいいんだけれど、「税率ごとに区分した消費税額等」は円換算した金額を記載する必要があるよ。

外貨建取引の場合、適格請求書はどのように記載すればよいか

米ドルなど外貨建でおこなう取引であっても、適格請求書に記載が必要な事項は変わりません。

適格請求書に記載が必要とされる事項は以下の通りです。

① 事業者の氏名又は名称及び登録番号
② 取引年月日
③ 取引内容（軽減税率の対象項目である旨）
④ 税率ごとに区分して合計した対価の額（税抜又は税込）及び適用税率
⑤ 税率ごとに区分した消費税額等
⑥ 書類の交付を受ける事業者の氏名又は名称

記載事項は「⑤税率ごとに区分した消費税額等」を除いて、外国語、外貨で記載しても問題ありません。「税率ごとに区分した消費税額等」は、円換算した金額を記載しなければなりません。

「税率ごとに区分した消費税額等」を計算するには以下の4つの方法があります。

(1)税率ごとに区分して合計した対価の額（外貨税抜）を円換算後、消費税額等を算出する方法
(2)税率ごとに区分して合計した対価の額（外貨税込）を円換算後、消費税額等を算出する方法
(3)税率ごとに区分して合計した対価の額（外貨税抜）から計算過程の消費税額等（外貨）を算出後、円換算する方法
(4)税率ごとに区分して合計した対価の額（外貨税込）から計算過程の消費税額等（外貨）を算出後、円換算する方法

計算方法を以下に説明します。また、為替レートは取引を行った日の対顧客直物電信売相場（TTS）と対顧客直物電信買相場（TTB）の仲値（TTM）とします。※

※消費税額等の算出に係る円換算の方法は、資産の譲渡等の対価の額の円換算の方法（基通10−1−7）と同じように、所得税又は法人税の課税所得金額の計算において外貨建の取引に係る売上金額その他の収入金額を円換算する際の取扱いの例により行います。

(1)税率ごとに区分して合計した対価の額（外貨税抜）を円換算後、消費税額等を算出する方法

税率ごとに区分した対価の金額(外貨税抜)　×　為替レート　＝　税率ごとに区分した対価の金額(円換算後)※1

端数処理

税率ごとに区分した対価の金額(円換算後)　×　適用税率　＝　消費税等額(日本円)

(2)税率ごとに区分して合計した対価の額(外貨税込)を円換算後、消費税額等を算出する方法

税率ごとに区分した対価の金額(外貨税込) × 為替レート ＝ 税率ごとに区分した対価の金額(円換算後)※1

税率ごとに区分した対価の金額(円換算後) × 10/110又は8/108 ＝〔端数処理〕 消費税等額(日本円)

(3)税率ごとに区分して合計した対価の額(外貨税抜)から計算過程の消費税額等(外貨)を算出後、円換算する方法

税率ごとに区分した対価の金額(外貨税抜) × 適用税率 ＝ 計算過程の消費税額等(外貨) ※2

計算過程の消費税額等(外貨) × 為替レート ＝〔端数処理〕 消費税等額(日本円)

(4)税率ごとに区分して合計した対価の額(外貨税込)から計算過程の消費税額等(外貨)を算出後、円換算する方法

税率ごとに区分した対価の金額(外貨税込) × 10/110又は8/108 ＝ 計算過程の消費税額等(外貨) ※2

計算過程の消費税額等(外貨) × 為替レート ＝〔端数処理〕 消費税等額(日本円)

※1 税率ごとに区分した対価の金額を円換算する際、端数処理を行うかどうかは事業者の任意です。なお、ここでの端数処理は、税率ごとに区分した対価の金額の計算であり、適格請求書の記載事項としての「消費税額等」の端数処理ではありません。

※2 消費税額等の端数処理は、「1円未満」の端数が生じた場合に行うものです。計算過程の外貨建の消費税額等を算出する際に、端数処理を行うことはできません。

図2.15 (1)による場合の記載例

(TTM：115.21 円)

Description	Taxable amount	Tax amount	JPY TAX Amount
Beef ※	$189	$15.12	−
Wood chopsticks	$23	$2.3	−
Fish ※	$150	$12	−
Spoon	$31	$3.1	−
Reduced tax rate (8%)	$339	$27.12	¥3,124
Standard tax rate (10%)	$54	$5.4	¥622

×TTM×適用税率

消費税額等の計算

Reduced tax rate(軽減税率8%)

$339×115.21=39,056.19→39,056円(税率ごとに区分した対価の額【円換算後】)

39,056円×8%=3,124.48→3,124円(消費税額等)

Standard tax rate(標準税率10%)

$54×115.21=6,221.34→6,221円(税率ごとに区分した対価の額【円換算後】)

6,221円×10%=622.1→622円(消費税額等)

※外貨建のTax amountは、インボイスの記載事項として求められるものではなく、参考として記載するものになります。

出典：国税庁軽減税率・インボイス制度対応室「消費税の仕入税額控除制度における適格請求書等保存方式に関するQ&A　問56」より作成

これで外貨建取引の適格請求書を発行するときも安心です。

第3章

発行する場合の注意点を押さえよう

適格請求書発行事業者となると、取引先から求められれば、適格請求書を発行しなければなりません。この章では、適格請求書発行事業者が注意しなければならない点について説明します。

返品・値引等を行った場合の「適格返還請求書」や、一括値引を行った場合に適格請求書はどのように記載するのか、また委託販売を行う場合に認められる媒介者交付特例などについて、事例等をあげて、詳しく説明します。

3-1

適格請求書発行事業者はどこに注意すればよいのか

- 適格請求書発行事業者は以下の点に注意が必要です。
- ❶適格請求書を交付する
- ❷適格返還請求書を交付する
- ❸修正した適格請求書を交付する
- ❹写しを保存する

インボイス制度について、だいぶわかってきましたが、まだまだ細かいところが理解できません。

適格請求書は自分で発行する場合と受領する場合があるからね。まずは、自分が適格請求書を発行する場合について、学んでいこう。

適格請求書発行事業者の義務

適格請求書発行事業者には、次の1～4の義務が課されます。

(1)適格請求書(適格簡易請求書を含みます)を交付する。または、適格請求書の電磁記録を提供する義務
(2)適格返還請求書の交付、または適格返還請求書の電磁的記録を提供する義務
(3)修正した適格請求書等の交付、または修正した適格請求書等の電磁的記録を提供する義務
(4)上記1から3までの書類の写し、または電磁的記録を保存する義務

この節では、適格請求書を交付する義務について、説明します((2)～(4)については、3-2節以降で説明します)。

適格請求書発行事業者は、国内において課税資産の譲渡等を行った場合に、取引の相手方からの適格請求書の交付の求めに応じて適格請求書を交付する義務が課されます。この場合、相手方は、課税事業者に限ります。また、適格請求書は実際の書面ではなく、電磁的記録を提供することもできます。

適格請求書発行事業者の登録を受けていない事業者が、適格請求書または適格簡易請求書と誤認される可能性のある書類を交付すること、適格請求書発行事業者が、偽りの記載をした適格請求書または適格簡易請求書を交付することは禁止されています(電磁的記録の提供も含みます。消費税法57条の5第1号～第3号)。違反した場合は1年以下の懲役または50万円以下の罰金に処せられます(65条4号)。

なお、適格請求書または適格簡易請求書と誤認される可能性のある書類について、明確な定義はありません。適格請求書発行事業者の登録を受けていないにもかかわらず、請求書の表題として「適格請求書」または、「適格簡易請求書」と記載する、または、適格請求書発行事業者と誤らせるような登録番号の記載などは、誤認される可能性のある書類に該当すると考えられます。

適格請求書を交付する義務が課されない場合、免除される場合

適格請求書発行事業者には、適格請求書を発行する義務が課せられますが、以下の場合は義務が課せられない、または免除されます。

(1) 免税取引、非課税取引、不課税取引しか行わなかった場合、適格請求書の交付義務は課されません。

(2) 以下の①～⑤の取引は、適格請求書発行事業者が行う事業の性質上、適格請求書を交付することが難しいため、適格請求書の交付義務が免除されます。

① 3万円未満の公共交通機関(船舶、バスまたは鉄道)による旅客の運送

② 出荷者等が卸売市場において行う生鮮食料品等の販売

③ 生産者(農協等の組合員)が農協等に委託して行う農林水産物の販売

④ 3万円未満の自動販売機及び自動サービス機により行われる商品の販売等

⑤ 郵便切手類のみを対価とする郵便・貨物サービス

図3.1 適格請求書の交付義務が免除される取引

① 公共交通機関の旅客の運送（3 万円未満）

② 卸売市場において行う生鮮食品等の販売

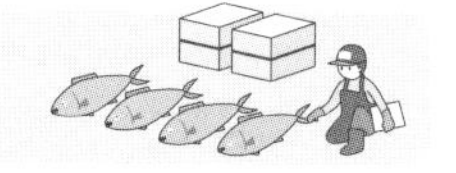

③ 農協・水産業協・森林組合等に委託した農林水産物の販売

④ 自動販売機による商品の販売（3 万円未満）

⑤ ポスト投函による郵便サービス

①から④については、わかりづらいところもありますので、個別に説明します。

①3万円未満の公共交通機関（船舶、バスまたは鉄道）による旅客の運送

旅客の運送が３万円未満かどうかは、１商品（切符１枚）ごとの金額や、月まとめ等の金額ではなく、１回の取引の税込価額が３万円未満かどうかで判定します。

> 例）
> 東京一大阪間の大人運賃が13,000円であり、４人分の運送役務の提供を行う場合
> →４人分の52,000円で判定する

特別急行料金、急行料金及び寝台料金等、旅客の運送に直接的に附帯する対価は、公共交通機関特例の対象です。一方、入場料金や手回品料金など旅客の運送に直接的に附帯する対価でないものは、公共交通機関特例の対象とならないので注意が必要です。

②出荷者等が卸売市場において行う生鮮食料品等の販売

この場合、適格請求書の交付義務が免除されるのは、出荷者から委託を受けた受託者が卸売の業務として行うものに限られます。また、対象となる卸売市場は以下の３つです。

(1) 農林水産大臣の認定を受けた中央卸売市場
(2) 都道府県知事の認定を受けた地方卸売市場
(3) (1)及び(2)に準ずる卸売市場として、農林水産大臣が財務大臣と協議して定める基準を満たす卸売市場のうち農林水産大臣の確認を受けた卸売市場

③生産者（農協等の組合員）が農協等に委託して行う農林水産物の販売

この場合、委託は無条件委託かつ共同計算方式により生産者を特定せずに行うものに限ります。

無条件委託方式：

出荷した農林水産物について、売値、出荷時期、出荷先等の条件を付けずに、その販売を委託すること

共同計算方式：

一定の期間における農林水産物の譲渡に係る対価の額をその農林水産物の種類、品質、等級その他の区分ごとに平均した価格をもって算出した金額を基礎として精算すること

例えば、Aのダイコンが１箱1,000円で出荷され、Bの同じ品質のダイコンが翌日1箱800円で出荷された場合、1,000円と800円を加え、2で割り、AもBも900円を受け取る方式です。非常な高値にはなりませんが、非常な安値になることもないため、価格が安定し、農業者は安定的な経営が可能になります。

また、農協等とは、以下のものを指します。

- 農業協同組合法で規定される農業協同組合や農事組合法人
- 水産業協同組合法で規定される水産業協同組合
- 森林組合法で規定される森林組合
- 中小企業等協同組合法で規定される事業協同組合や協同組合連合会

④3万円未満の自動販売機及び自動サービス機により行われる商品の販売等

通常よく見られる自動販売機での飲料・食料の販売、コインランドリーやコインロッカーなどによるサービスの提供のことです。また、手数料を対価とする金融機関のATMによる入出金サービスや振込サービスも含まれます。

注意するのは、小売店内にあるセルフレジのように、精算だけを行うものは含まれないことです。また、コインパーキングや自動券売機のように、代金の受領と券類の発行はその機械装置で行われても、商品の引き渡しやサービスの提供が別途行われるもの、ネットバンキングのように機械装置で資産の譲渡等が行われないものも対象外です。

確かに自動販売機の場合、機械の前に立って、適格請求書を渡すというわけにはいかないですもんね。

3-2

返品や値引を行った場合、どうするか？

- 適格返還請求書の記載必要事項は以下の5つです。
  - ❶発行事業者の氏名又は名称及び登録番号
  - ❷対価の返還等を行う年月日と対価の返還等の基となった取引を行った年月日
  - ❸対価の返還等の基となる取引内容
  - ❹税率ごとに区分して合計した対価の返還等の金額（税抜または税込）
  - ❺対価の返還等の金額に係る消費税額等又は適用税率

当社では、販売の翌月にリベートを計算して、お客さんに払ってるんです。この場合、適格請求書を作り直さなければいけないんですか。

売上の対価の返還等を行う場合は、適格返還請求書を交付しなければならないんだ。

適格返還請求書

返品や値引等、売上の対価の返還等を行う場合は、適格返還請求書を交付する必要があります。適格返還請求書とは、返品や値引による売上の返還を行う際、適格請求書発行事業者（売手）が交付しなければならない書類です。

返品や値引、リベート等、いったん売上として、受け取った金額の一部または全部を返還したり、その月の売上から差し引いたりすることがよくあります。この場合、適格請求書発行事業者は適格返還請求書を交付する義務を負います。

必要な事項が記載されたものであれば、販売奨励金支払明細書など、名称は問いません。また、手書きであっても適格返還請求書に該当します。

記載が必要なのは次の5項目です。

① 適格請求書発行事業者の氏名又は名称及び登録番号
② 売上に係る対価の返還等を行う年月日及びその売上に係る対価の返還等の基となった課税資産の譲渡等を行った年月日（適格請求書を交付した売上に係るものについては、課税期間の範囲で一定の期間の記載で差し支えありません）
③ 売上に係る対価の返還等の基となる課税資産の譲渡等に係る資産又は役務の内容（売上に係る対価の返還等の基となる課税資産の譲渡等が軽減対象資産の譲渡等である場合には、資産の内容及び軽減対象資産の譲渡等である旨）
④ 売上に係る対価の返還等の税抜価額又は税込価額を税率ごとに区分して合計した金額
⑤ 売上に係る対価の返還等の金額に係る消費税額等又は適用税率

また、国税庁の公表している「適格請求書等保存方式の概要-インボイス制度の理解のために-」には、適格返還請求書の記載例が掲載されています。こちらを基に記載事項について、説明を行います。

POINT

売上対価の返還等を行う場合、適格返還請求書を交付する必要があります。

図3.2 適格返還請求書の記載例

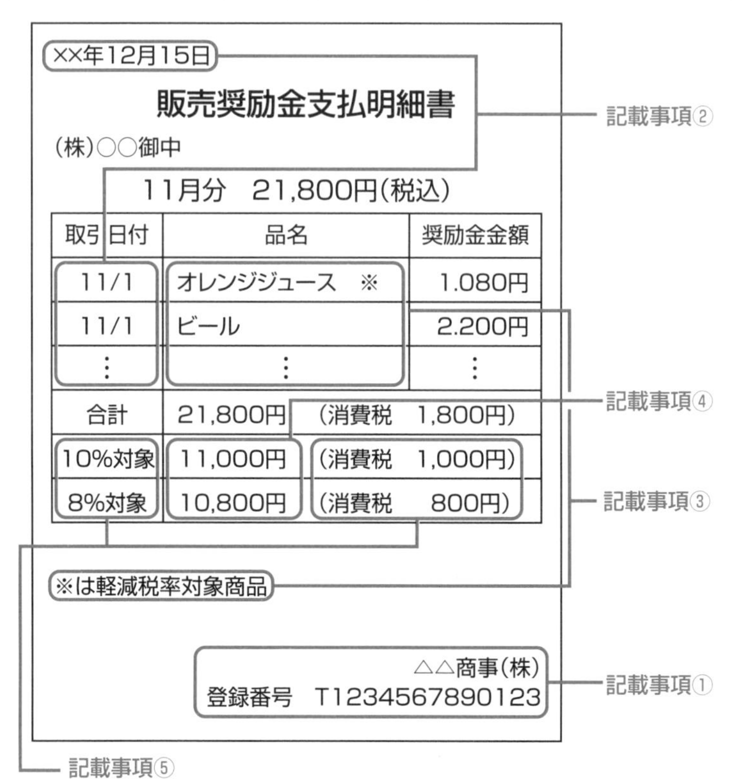

出典：国税庁「適格請求書等保存方式(インボイス制度)の手引き」

① 発行事業者の氏名または、会社名を記載します。ここでも適格請求書発行事業者としての登録番号を必ず記載することが重要になります。

② 対価の返還等を行う年月日と返還の基になる取引を行った年月日を記載します。適格請求書を交付した売上に係るものについては、課税期間の範囲で月単位や「○月～△月分」といった一定の期間の記載も認められます。

③ 返還の基になる取引を記載します。物品を販売した場合は取引品目、

サービスを提供した場合は取引内容を記載します。また、その中に軽減税率対象のものがあれば、対象品目であることを明らかにする必要があります。上記の記載例では、「※印は軽減税率対象」という記載とともに、対象品目の品名の末尾に※印をつけ、対象品目を明らかにしています。

④ 返品や値引、リベート等の税抜価額又は税込価額を税率ごとに区分して、合計した金額を記載します。通常8%と10%に区分し、返品や値引、リベート等の合計額を記載します。合計額は税抜、税込どちらで記載しても大丈夫です。記載例では税込価額を記載しています。

⑤ 返品や値引、リベート等について、消費税額等、または適用税率を記載します。通常、8%対象のものと10%対象のものを明記、またはそれぞれの消費税額等を記載します。記載例のように、両方を記載することも可能です。

注）令和4年12月23日に閣議決定された「令和5年度与党税制改正大綱」では、売上に係る対価の返還等に係る税込価格が1万円未満である場合、適格返還請求書の交付義務を免除することが予定されています。詳しくは8-3節を参照してください。

当社は、月に一度得意先にリベートも一括して請求書を出していたんです。これからは、適格請求書と適格返還請求書の 2 つを出さなければならないということですね。

心配することはないよ。適格請求書と適格返還請求書を 1 枚の書類で交付することも認められているんだ。

適格請求書と適格返還請求書を1枚の書類で交付する場合

適格請求書発行事業者は、値引・返品・リベートなど売上や課税資産の譲渡について、金額の一部、または全部の返還などを行った場合は、適格返還請求書を交付しなければなりません。

同じ得意先などに適格請求書と適格返還請求書を交付する場合、1枚の書類に、適格請求書と適格返還請求書の必要な事項を記載して交付することも可能です。

例）
下記の請求書を××年12月15日付で交付する。

△△商事株式会社は、株式会社〇〇と以下の取引を行った
11月1日オレンジジュース（軽減税率対象）を5,400円（税込）で販売した。
11月1日ビール（軽減税率対象外）を11,000円（税込）で販売した。
11月2日リンゴジュース（軽減税率対象）を2,160円（税込）で販売した。
その他の売上を含めて、11月1日～11月30日の販売金額合計は109,200円（税込）、内訳は10%対象の売上金額66,000円（税込）、8%対象の売上金額43,200円（税込）であった。
上記と合わせて、10月12日に販売したリンゴジュース（軽減税率対象）の販売奨励金1,080円等を含めた、販売奨励金額合計10,900円（税込）（内訳は10%対象5,500円（税込）、8%対象5,400円（税込））を請求額から控除する。

図3.3　適格請求書と適格返還請求書を一つの書類とする場合の記載例

適格請求書として必要な記載事項

請求書

(株)○○御中　　　　　　　　　　××年12月15日

11月分　98,300円(税込)
(11/1～11/30)

取引日付	品名	金額
11/1	オレンジジュース　※	5,400円
11/1	ビール	11,000円
11/2	リンゴジュース　※	2,160円
⋮	⋮	⋮
合計	109,200円　(消費税　9,200円)	
10%対象	66,000円　(消費税　6,000円)	
8%対象	43,200円　(消費税　3,200円)	
販売奨励金		
10/12	リンゴジュース　※	1,080円
⋮	⋮	⋮
合計	10,900円　(消費税　900円)	
10%対象	5,500円　(消費税　500円)	
8%対象	5,400円　(消費税　400円)	
請求金額	98,300円	

※は軽減税率対象商品

△△商事(株)
登録番号　T1234567890123

適格返還請求書として必要な記載事項

「当月の売上代金から前月の売上値引代金を控除した金額」及び「その控除した金額に基づき計算した消費税額等」を税率ごとに請求書に記載することも可能です(取引先ごとの継続適用が必要となります)

出典：国税庁「適格請求書等保存方式(インボイス制度)の手引き」

適格請求書と適格返還請求書を一つの書類とする場合、適格請求書として必要な記載事項と適格返還請求書として必要な記載事項が全て記載されていることを確認してください。

また、原則は、課税資産の譲渡等の金額とそれに対応する売上に係る対価の返還等の金額のそれぞれを記載しなければなりませんが、取引先ごとに継続適用している場合、「当月の売上代金から前月の売上値引代金を控除した金額」及び「その控除した金額に基づき計算した消費税額等」を税率ごとに請求書に記載することができます。

適格請求書と適格返還請求書を1枚の書類で交付できると便利ですね。

3-3

適格請求書に誤りがあった場合はどうする？

適格請求書に誤りがあった場合、相手から交付を求められなくても、修正したものを交付しなければなりません。
適格請求書の修正方法には2通りあります。
❶全ての事項を記載した書類を改めて交付する
❷修正した箇所のみを明示したものを交付する

当社では、請求書は営業部が発行するんで、結構間違いがあるんですよ。修正についても、適格請求書が必要ですか？

インボイスに間違いがあったときは、相手から交付を求められなくても、修正したものを交付しなければならないんだ。

請求書に誤りがあった場合

適格請求書発行事業者は、交付した適格請求書の記載事項に誤りがあったときは、買手である課税事業者に対して、修正した適格請求書を交付しなければなりません。

修正には次の2つの方法があります。

① 誤りがあった事項を修正し、改めて記載事項の全てを記載したものを交付する方法
② 当初に交付したものとの関連性を明らかにし、修正した事項を明示したものを交付する方法

図3.4 改めて記載事項の全てを記載したものを交付する場合の記載例

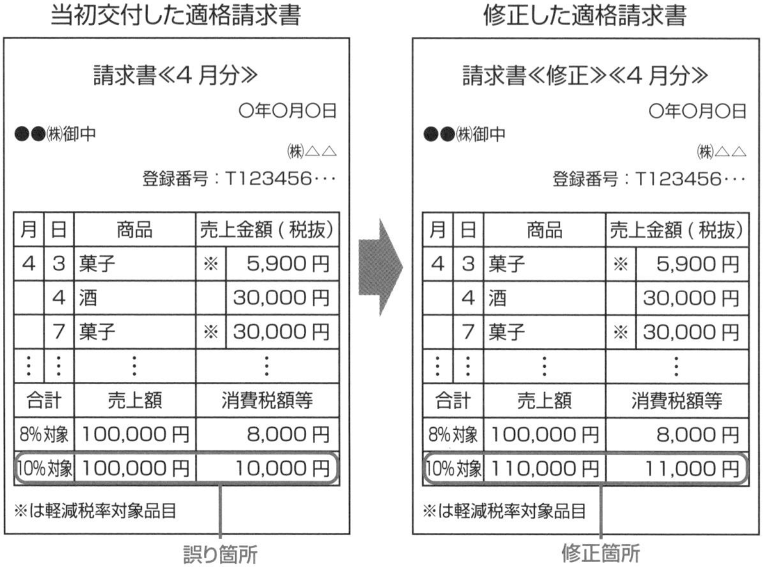

当初交付した適格請求書

請求書≪4月分≫

〇年〇月〇日

●●㈱御中

㈱△△

登録番号：T123456･･･

月	日	商品	売上金額（税抜）	
4	3	菓子	※	5,900円
	4	酒		30,000円
	7	菓子	※	30,000円
⋮	⋮	⋮	⋮	
合計		売上額	消費税額等	
8%対象		100,000円	8,000円	
10%対象		100,000円	10,000円	

※は軽減税率対象品目

誤り箇所

修正した適格請求書

請求書≪修正≫≪4月分≫

〇年〇月〇日

●●㈱御中

㈱△△

登録番号：T123456･･･

月	日	商品	売上金額（税抜）	
4	3	菓子	※	5,900円
	4	酒		30,000円
	7	菓子	※	30,000円
⋮	⋮	⋮	⋮	
合計		売上額	消費税額等	
8%対象		100,000円	8,000円	
10%対象		110,000円	11,000円	

※は軽減税率対象品目

修正箇所

出典：国税庁「適格請求書等保存方式（インボイス制度）の手引き」より作成

①の方法は単純で、改めて正しい適格請求書を作成し、交付することになります。

図3.4は10%対象の売上高を100,000円、消費税額等を10,000円と記載して、適格請求書を交付しましたが、実際には10%対象の売上高110,000円、消費税額等11,000円であった場合です。

改めて記載事項の全てを記載したものを交付する場合、修正の必要のない記載事項は当初交付した適格請求書と全く同じです。誤り箇所である10%対象の売上高110,000円、消費税額等11,000円だけを修正した適格請求書を交付します。

修正した適格請求書等を交付した事業者は、当初交付した適格請求書等の写しと修正した適格請求書等の写しの両方を保存しなければなりません。

図3.5　修正した事項を明示したものを交付する場合の記載例

当初交付した適格請求書

請求書≪4月分≫

〇年〇月〇日

●●㈱御中

㈱△△

登録番号：T123456･･･

月	日	商品		売上金額（税抜）
4	3	菓子	※	5,900円
	4	酒		30,000円
	7	菓子	※	30,000円
⋮	⋮	⋮		⋮

合計	売上額	消費税額等
8%対象	100,000円	8,000円
10%対象	100,000円	10,000円

※は軽減税率対象品目

誤り箇所

修正した適格請求書

請求書

〇年〇月〇日

●●㈱御中

㈱△△

関連性の明確化

登録番号：T123456･･･

〇年〇月〇日付4月分請求書について、下記のとおり誤りがありましたので、修正いたします。

正

合計	売上額	消費税額等
10%対象	110,000円	11,000円

修正箇所

誤

合計	売上額	消費税額等
10%対象	100,000円	10,000円

（注）当初の適格請求書と合わせて保存願います。

出典：国税庁「適格請求書等保存方式（インボイス制度）の手引き」より作成

②の方法は、修正した事項を明示するだけです。

図3.5も図3.4と同様に、10%対象の売上高を100,000円、消費税額等を10,000円と記載して、適格請求書を交付しましたが、実際には10%対象の売上高110,000円、消費税額等11,000円であった場合です。

修正した事項を明示する場合、修正する適格請求書との関連を明確にする必要があります。また、修正前の記載と修正後の記載を合わせて記載する必要があります。

修正した事項を明示する場合も、修正した適格請求書等を交付した事業者は、当初交付した適格請求書等の写しと修正した適格請求書等の写しの両方を保存しなければなりません。

また、適格簡易請求書、適格返還請求書に誤りがあった場合も同じように修正したものを交付し、保存しなければなりません。

修正についても、しっかりした様式を作っておいた方がよさそうですね。

3-4

適格請求書の保存

- 適格請求書は、以下の要件を満たせば電磁記録での保存も可能です。
- ❶改ざんできない
- ❷日付、取引先、金額で検索できる
- ❸視覚で確認可能な装置の備えつけ

適格請求書は写しを保存しないといけないんですか？

最低でも７年は保存する必要があるね。電子データでの保存も認められているから、将来を考えれば、電子データで保存することを考えた方がいいかもしれない。

写し又は電子データを保存する義務

適格請求書発行事業者は、交付した適格請求書の写し、または提供した適格請求書の電子データを保存しなければなりません。

適格請求書の写しや電子データは、適格請求書を交付した日又は電子データを提供した日が属する課税期間の末日の翌日から２月を経過した日から７年間、事務所などに保存しなければなりません。

保存期間については、適格簡易請求書、適格返還請求書、修正した適格請求書についても同じです。

POINT

適格請求書等は「交付した日が属する課税期間の末日から2月を経過した日から7年間」保存する必要があります。

図3.6 適格請求書の保存期間

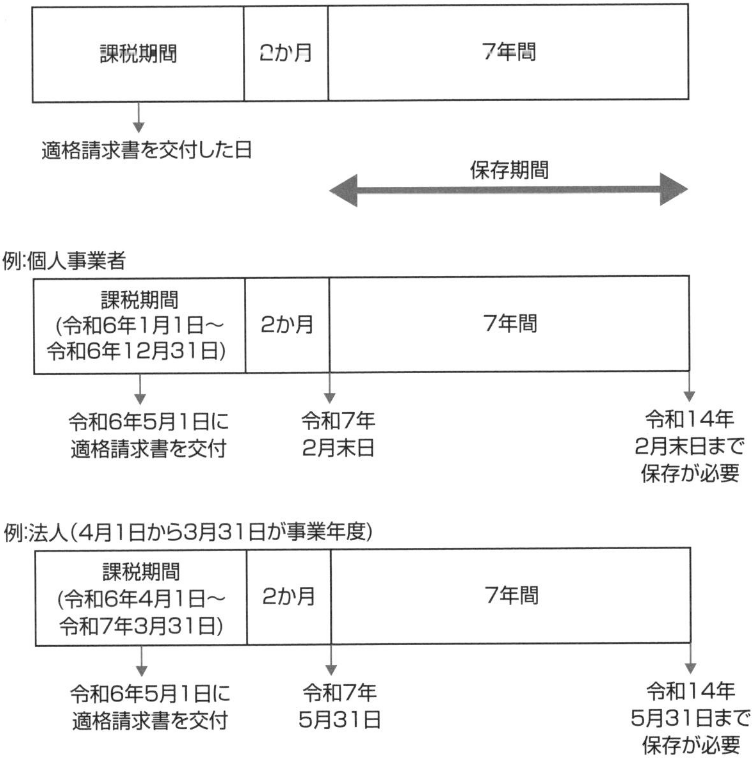

課税期間	2か月	7年間

適格請求書を交付した日

保存期間

例:個人事業者

課税期間 (令和6年1月1日～ 令和6年12月31日)	2か月	7年間

令和6年5月1日に
適格請求書を交付

令和7年
2月末日

令和14年
2月末日まで
保存が必要

例:法人(4月1日から3月31日が事業年度)

課税期間 (令和6年4月1日～ 令和7年3月31日)	2か月	7年間

令和6年5月1日に
適格請求書を交付

令和7年
5月31日

令和14年
5月31日まで
保存が必要

適格請求書の保存期間は条文を読んだだけではわかりづらいので、上記の例にしたがって説明します。

個人事業者が、令和6年(2024年)5月1日に適格請求書を交付した場合を考えます。個人事業者の課税期間は暦年ですので、課税期間の末日は令和6年(2024年)12月31日になります。また、消費税の納付期限は2か月以内ですので、納付期限は令和7年(2025年)2月末日です。適格請求書はこの日から7年間、つまり、令和14年(2032年)2月末日まで保存しなければならないことになります。

法人は事業年度が課税期間になります。それ以外は、上記の個人事業者と同じです。

電子データによる保存

適格請求書は電子帳簿保存法に基づいて、電子データによる保存を行うこともできます。データで保存するには、以下の要件を満たす必要があります。

① 電子データの保存に合わせて、システム関係書類等(システム概要書、システム仕様書、操作説明書、事務処理マニュアル等)を備えつける。

② データの保存場所に、適格請求書の電子データを処理できるPC、アプリケーション、ディスプレイ、プリンタ、これらの操作説明書を設置し、適格請求書の電子データをディスプレイの画面と書面に、はっきりわかる形で、すぐに出力できるようにする。

③ 国税に関する法律の規定による適格請求書の電子データの提示または提出ができるようにする。または、適格請求書の電子データについて、次の検索機能を確保する。

- 取引年月日、その他の日付を検索条件として設定できる
- 日付に係る記録項目は、その範囲を指定して条件を設定することができる

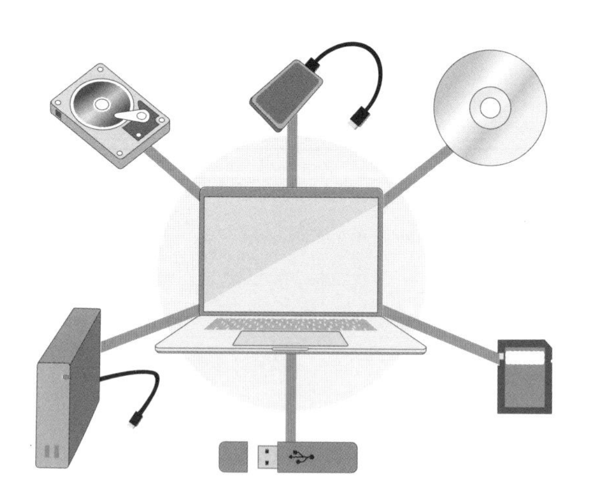

また、適格請求書発行事業者が適格請求書の電子データを相手方に提供し、その電子データをそのまま保存しようとする場合、以下の措置を講じる必要があります。

①次のイからニのいずれかの措置を行う

イ：電子データを提供する前にタイムスタンプを付す。

ロ：次のどれかの方法で、タイムスタンプを付し、その電子データの保存を行う者又はその者を直接監督する者に関する情報を確認できるようにする。

・適格請求書の電子データの提供後、すぐにタイムスタンプを付す。

・適格請求書の電子データの提供からタイムスタンプを付すまでに規程で定められた事務の処理がある場合、事務処理に要する期間を経過した後、すぐにタイムスタンプを付す。

ハ：適格請求書の電子データについて、次のいずれかの要件を満たすPC等を使用して電子データを提供し、その電子データを保存する。

・訂正又は削除を行った場合には、その事実及び内容を確認することができる

・訂正又は削除することができない

ニ：適格請求書の電子データの記録事項について正当な理由がない訂正と削除の防止について、規程等を定め、その規程等に沿った運用を行い、電子データの保存に合わせてこの規程等を備えつける。

②適格請求書の電子データの保存等にあわせて、システム概要書を備えつける。

③適格請求書の電子データの保存等をする場所に、その電子データの処理ができるＰＣ等、アプリケーション、ディスプレイ、プリンタ、これらの操作説明書を備えつけ、その電子データをディスプレイの画面と書面に、はっきりわかる形で、すぐに出力できる。

④適格請求書の電子データに、次のような検索機能を確保する。

※ 国税に関する法律の規定による電子データの提示または提出ができる場合はⅱ及びⅲの要件が不要。その判定期間に係る基準期間における売上高が1,000万円以下の事業者が国税に関する法律の規定による電子データの提示または提出ができる場合は検索機能の全てが不要です。

ⅰ 取引年月日その他の日付、取引金額及び取引先を検索条件として設定できる

ⅱ 日付又は金額に係る記録項目の範囲を指定して条件を設定できる

ⅲ 2つ以上の任意の記録項目を組み合わせて条件を設定できる

適格請求書を電子データで保存できると便利ですね。情報システム部の部長にも相談してみます。

3-5

委託販売の特例等

- 委託販売の場合、受託者が代理で適格請求書を交付すること(代理交付)、委託者に代わって適格請求書を交付すること(媒介者交付特例)ができます。
- 媒介者交付特例が認められる要件は以下の通りです。
  ❶委託者と受託者がともに適格請求書発行事業者である
  ❷委託者が受託者に、自己が適格請求書発行事業者の登録を受けている旨を取引前までに通知している

当社では、業者さんの商品を取り扱っていて、注文があったら、代わって販売することがあるんです。この場合、適格請求書を発行するのは、業者さんですよね？

原則はその通りだけど、委託販売では特例として、受託者が委託者の適格請求書を発行することができるんだ。

代理交付・媒介者交付特例とは？

適格請求書発行事業者は、課税資産の譲渡等を行った場合、課税事業者からの適格請求書の交付の求めに応じて適格請求書を交付しなければなりません。委託販売の場合、購入者に対して課税資産の譲渡等を行っているのは委託者です。したがって、委託者が購入者に対して適格請求書を交付するのが原則です。

委託販売の場合、この原則通り、請求書を発行すると、販売の都度、受託者から連絡を受けた委託者が適格請求書を作成することになり、事務手続がかなり煩雑になります。

そこで、委託販売については、(1)代理交付、(2)媒介者交付特例　の2つの方法が認められています。

(1)代理交付

委託販売の場合、受託者が委託者を代理して、委託者の氏名または名称と登録番号を記載した、委託者の適格請求書を、相手方に交付することができます。

(2)媒介者交付特例

受託者が、委託者の課税資産の譲渡等について、委託者に代わって、自己の氏名又は名称及び登録番号を記載した適格請求書を購入者に交付することができます。(適格格請求書に代えて電磁的記録の提供も可能です)。

媒介者交付特例を適用するには、以下のⅰ)ⅱ)の要件を満たすことが必要です。

ⅰ)委託者と受託者がともに適格請求書発行事業者である

ⅱ)委託者が受託者に、自己が適格請求書発行事業者の登録を受けていることを取引前までに通知している。
(通知の方法は、書面等により登録番号を通知する方法、基本契約に委託者の登録番号を記載する方法などがあります。)

代理交付

代理交付は、受託者が委託者を代理して、委託者の氏名または名称と登録番号を記載した、委託者の適格請求書を、相手方に交付する方法です。

受託者が複数の委託者の取引について代理して、代理交付の方法で適格請求書を交付する場合、1)各委託者の氏名又は名称及び登録番号を記載しなければなりません。

また、複数の委託者の取引を一括して請求書に記載して代理交付する場合、2)委託者ごとに課税資産の譲渡等の税抜価額又は税込価額を記載し、3)消費税額等も委託者ごとに計算し、端数処理を行わなければなりません。

図3.7　代理交付で複数の委託者の取引を一括して交付する記載例

各委託者（被代理人）の氏名又は名称及び登録番号を記載する必要があります

各委託者（被代理人）の課税資産の譲渡等の内容について区分して記載する必要があります

□□（株）御中

請求書

××年11月分

取引先名	日付	品名	金額
××（株） 登録番号…	11/1	紅茶　※	5,400円
	11/2	クッキー　※	3,240円
	11/9	食器	6,600円
	⋮	⋮	⋮
	10%対象	11,000円（消費税　1,000円）	
	8%対象	15,000円（消費税　1,111円）	
（株）○○ 登録番号…	11/12	割り箸	1,100円
	11/14	ごみ袋	550円
	11/20	牛肉　※	6,480円
	⋮	⋮	⋮
	10%対象	12,000円（消費税　1,091円）	
	8%対象	17,000円（消費税　1,259円）	
合計（税込）	55,000円		

※は軽減税率対象商品

△△商事（株）

消費税額等の端数処理は、各委託者（被代理人）の取引を区分して、税率ごとに行います

出典：国税庁軽減税率・インボイス制度対応室「消費税の仕入税額控除制度における適格請求書等保存方式に関するQ&A　問40」

媒介者交付特例

受託者が委託者に代わって、受託者の氏名又は名称及び登録番号を使用して適格請求書を発行できるのが、媒介者交付特例です。

図3.8 媒介者交付特例の具体例

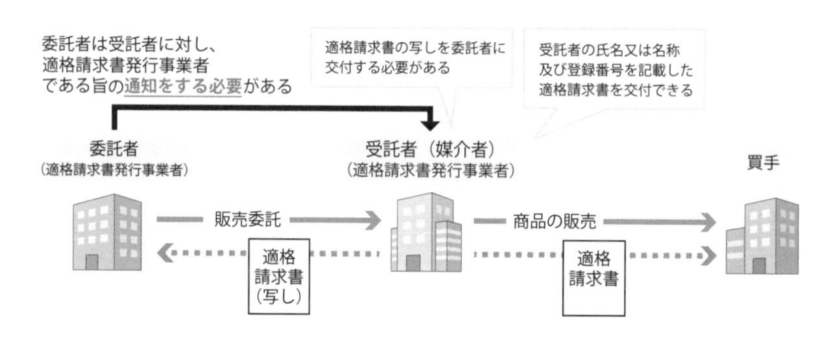

※委託者及び受託者の双方で適格請求書の写しを保存する必要がある。
なお、委託者に対して交付する適格請求書の写しについては、一定の場合、受託者の作成した精算書でも差し替えないものとされる。

出典：国税庁「適格請求書等保存方式（インボイス制度）の手引き」より作成

媒介者交付特例によって、適格請求書を発行する場合も、代理交付と同様に、複数の委託者を一括して適格請求書に記載することも可能です。

この場合、適格請求書の記載事項である課税資産の譲渡等の税抜価額又は税込価額は、委託者ごとに記載し、消費税額等の端数処理についても委託者ごとに行うことが原則です。

受託者が交付する適格請求書単位では、「(1)複数の委託者の取引を一括して記載」し、「(2)消費税額等の端数処理」を行うことができます。

POINT

媒介者交付特例によって発行する適格請求書に、各委託者の氏名又は名称及び登録番号の記載は不要です。

図3.9　媒介者交付特例で各委託者の取引について1枚の適格請求書を交付する記載例

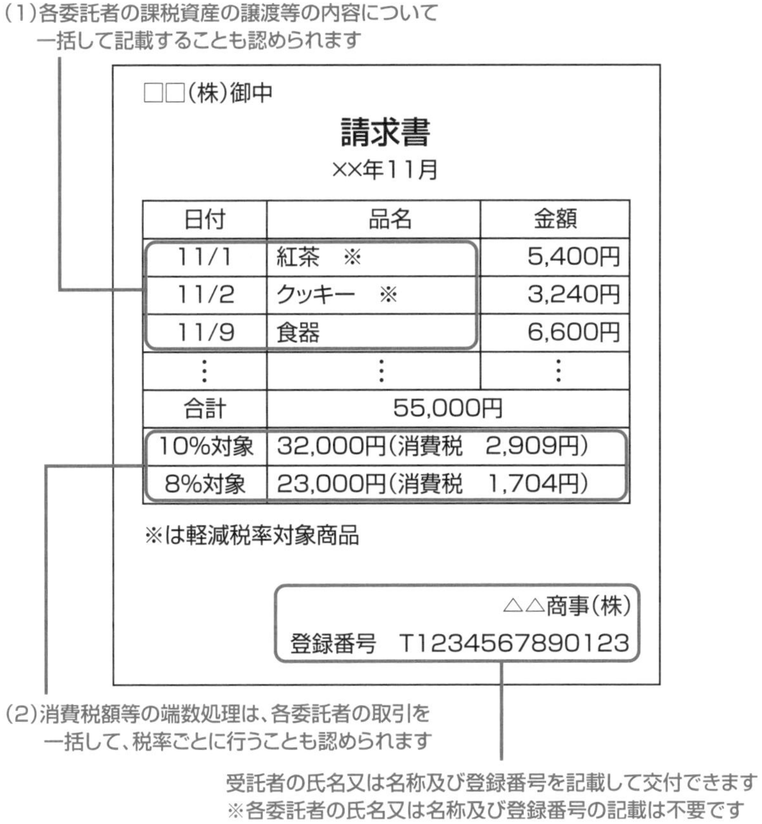

(1)各委託者の課税資産の譲渡等の内容について
一括して記載することも認められます

□□(株)御中

請求書

××年11月

日付	品名	金額
11/1	紅茶　※	5,400円
11/2	クッキー　※	3,240円
11/9	食器	6,600円
⋮	⋮	⋮
合計	55,000円	
10%対象	32,000円(消費税　2,909円)	
8%対象	23,000円(消費税　1,704円)	

※は軽減税率対象商品

△△商事(株)
登録番号　T1234567890123

(2)消費税額等の端数処理は、各委託者の取引を
一括して、税率ごとに行うことも認められます

受託者の氏名又は名称及び登録番号を記載して交付できます
※各委託者の氏名又は名称及び登録番号の記載は不要です

出典：国税庁軽減税率・インボイス制度対応室「消費税の仕入税額控除制度における適格請求書等保存方式に関するQ&A　問40」

複数の委託者の商品を販売したケースや、多数の購入者に対して日々適格請求書を交付するケース等、コピーが大量になるなど、適格請求書の写しそのものを交付することが困難な場合は、適格請求書の写しと相互の関連が明確であれば、適格請求書の写しに代えて、精算書等の書類等を交付することも可能です。この場合、交付した精算書等の写しを保存する必要があります。

この精算書等の書類等は、適格請求書の記載事項のうち、「課税資産の譲渡等の税抜価額又は税込価額を税率ごとに区分して合計した金額及び適用税率」や「税率ごとに区分した消費税額等」など、委託者の売上税額の計算に必要な一定事項を記載する必要があります。

図3.10 精算書の記載例

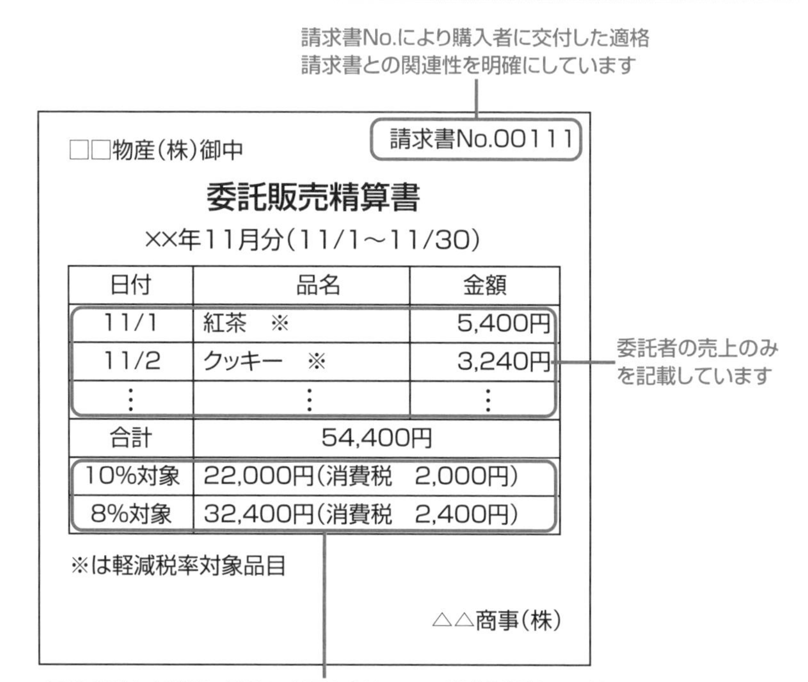

□□物産(株)御中　　請求書No.00111

委託販売精算書

××年11月分(11/1～11/30)

日付	品名	金額
11/1	紅茶　※	5,400円
11/2	クッキー　※	3,240円
⋮	⋮	⋮
合計	54,400円	
10%対象	22,000円(消費税　2,000円)	
8%対象	32,400円(消費税　2,400円)	

※は軽減税率対象品目

△△商事(株)

出典：国税庁軽減税率・インボイス制度対応室「消費税の仕入税額控除制度における適格請求書等保存方式に関するQ&A　問39」

また、媒介者交付特例により適格請求書の交付を行う受託者が、自らの課税資産の譲渡等に係る適格請求書の交付も併せて行う場合、自らの課税資産の譲渡等と委託を受けたものを1枚の適格請求書に記載することも可能です。

受託者が委託者の適格請求書を発行することができるのは、便利ですね。

3-6

一括値引の処理

- 小売業などで一括値引を行う場合は以下の点に注意が必要です。
  - ❶「課税資産の譲渡等の税抜価額又は税込価額を税率ごとに区分して合計した金額」は、そのレシート等に値引後のものを明らかにする必要がある
  - ❷上記は税抜価額又は税込価額と税率ごとに区分された値引額を記載してもよい
  - ❸「消費税額等」は、値引後の「課税資産の譲渡等の税抜価額又は税込価額を税率ごとに区分して合計した金額」から計算する

スーパーマーケットなどでは、売上の合計額から一括して値引する場合がありますね。この場合、適格請求書はどう記載すればいいんですか？

小売業では、適格簡易請求書を交付することが多いね。一括値引の場合、税率ごとに区分して合計した金額を値引後のもので記載しなければならないんだ。

 一括値引

軽減税率対象品目と対象外の商品を同時に販売し、割引等の利用により、その合計額から一括して値引を行う場合、税率ごとに区分した値引後の商品の対価の額に対してそれぞれ消費税が課されることになります。そのため、「課税資産の譲渡等の税抜価額又は税込価額を税率ごとに区分して合計した金額」は、その請求書に値引後のものを明確に記載する必要があります。

例）

　スーパー○○は、11月1日に以下の販売を行った
牛肉（軽減税率対象）2,160円（税込）、雑貨（軽減税率対象外）3,300円（税込）を販売し、1,000円の一括値引を行い、適格簡易請求書を交付した。

図3.11 一括値引のある場合の適格簡易請求書の具体例1

出典：国税庁「適格請求書等保存方式（インボイス制度）の手引き」より作成

　上記の例では、値引後の税込価額を税率ごとに区分して合計した金額を請求書に記載しています。値引額は商品の価格の比率で以下のように按分し、消費税額を計算しています。

一括値引金額の按分計算と消費税の計算

10%対象商品の値引額

1,000円×3,300円/(3,300円+2,160円)≒604円

値引後価格

3,300円(税込)-604円=2,696円

消費税額

2,696円×10/110≒245円

8%対象商品の値引額

1,000円×2,160円/(3,300円+2,160円)≒396円

値引後価格

2,160円(税込)-396円=1,764円

消費税額

1,764円×8/108≒130円

請求書等に記載する「消費税額等」については、値引後の「課税資産の譲渡等の税抜価額又は税込価額を税率ごとに区分して合計した金額」から計算することに注意してください。

なお、「税率ごとに区分した値引前の商品の対価の税抜価額または税込価額」と「税率ごとに区分された値引額」が請求書において明らかとなっている場合、この記載で「値引後の商品の対価の税抜価額又は税込価額を税率ごとに区分して合計した金額」が確認できるため、値引後の「課税資産の譲渡等の税抜価額又は税込価額を税率ごとに区分して合計した金額」が明らかにされているものとして取り扱われます。

図3.12 一括値引のある場合の適格簡易請求書の具体例2

スーパー〇〇
東京都…
登録番号T1234567890123
××年11月1日

領収書

牛肉 ※		¥2,160
雑貨		¥3,300
小計		¥5,460
①	(10%対象	¥3,300)
	(8%対象	¥2,160)
割引		¥1,000
②	(10%対象	¥604)
	(8%対象	¥396)
合計	¥4,460	
	(10%対象消費税	¥245)
	(8%対象消費税	¥130)

※印は軽減税率対象商品

①値引前の税込価格を税率ごとに区分して合計した金額

②税率ごとの値引額

※①及び②の記載がそれぞれある場合、値引後の「税込金額を税率ごとに区分して合計した金額」の記載があるものとして取り扱われます

「消費税額等」は値引後の税込価格から計算します

出典：国税庁「適格請求書等保存方式（インボイス制度）の手引き」より作成

具体例2の、値引額の按分計算と消費税額の計算は具体例1と同じです。

また、具体例1と同じように、請求書等に記載する「消費税額等」については、値引後の「課税資産の譲渡等の税抜価額又は税込価額を税率ごとに区分して合計した金額」から計算することが重要となります。

なるほど、スーパーマーケットは、割引券があったりしますから、対応も大変ですね。

3-7

適格請求書発行事業者の登録日をまたぐ請求書

登録日（令和5年（2023年）10月1日）をまたぐ請求書の作成方法は以下の2通りがあります。

❶令和5年（2023年）9月30日までの請求と令和5年（2023年）10月1日以降の請求を分けて記載する。

❷登録日前のものと登録日以後のものを区分せず、請求書に記載して交付する。

当社は 15 日を締め日にしているんです。登録日をまたぐ請求書は区分記載請求書と適格請求書、どちらの形式で作成すればいいんですか？

原則としては、登録日の前後で、取引を分けるべきだけど、それでは大変だから、分けずに記載する方法も認められているよ。

請求書が登録日をまたぐ場合はどうするか

適格請求書発行事業者は、登録日以後の取引について、課税事業者の取引先から求めがあれば、適格請求書を交付しなければなりません。

登録日をまたぐ期間における請求書であっても、登録日以後の取引については、適格請求書を発行する必要があります。そのため、課税資産の譲渡等の対価の額や税率ごとに区分した消費税額等の記載は、原則として登録日前のものと登録日以後のものに区分しなければなりません。

登録日前の取引と登録日以後の取引が明確に区分できないときは、取引事実等の基準に基づいて合理的に区分することになります。この場合、請求書の交付を受けた相手方には、令和5年(2023年) 9月30日以前の取引は区分記載請求書、令和5年(2023年)10月１日以後の取引は適格請求書として取り扱われます。

図3.13 登録日前の取引と登録日後の取引を分けて記載する例

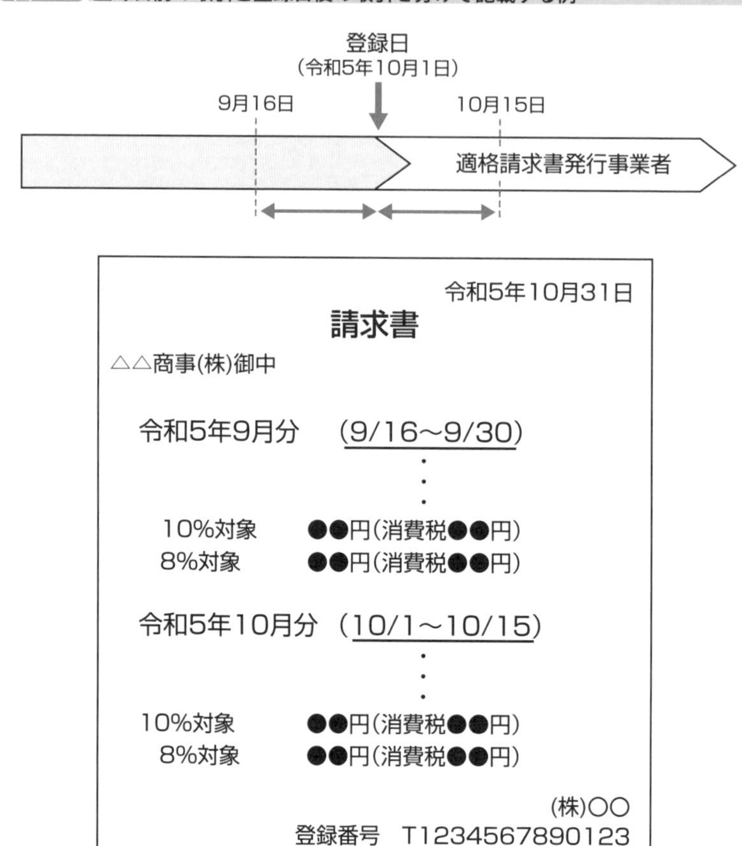

出典:国税庁軽減税率・インボイス制度対応室「消費税の仕入税額控除制度における適格請求書等保存方式に関するQ&A 問63」

ただし、登録日が令和5年(2023年)10月1日である場合、買手にとって、登録日前の取引と登録日以後の取引どちらも仕入税額控除の対象となるため、登録日前のものと登録日以後のものを区分せず、請求書に記載して交付することもできます。この場合でも、取引の相手先が売上税額の「積上げ計算」を行う場合は令和5年(2023年) 9月30日以前と令和5年(2023年)10月1日以後を区分して記載するなどの対応が必要となります

図3.14 登録日前の取引と登録日後の取引を合わせて記載する例

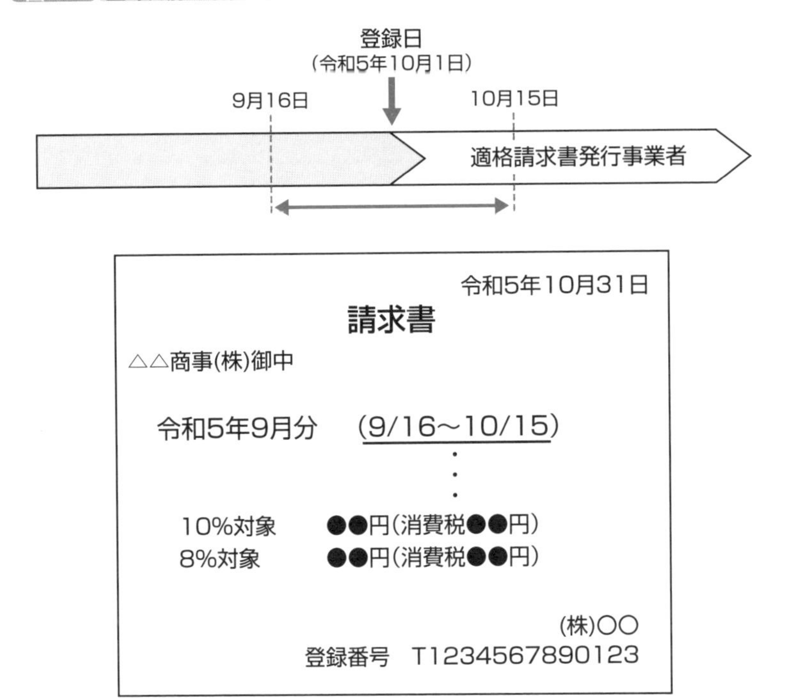

出典：国税庁軽減税率・インボイス制度対応室「消費税の仕入税額控除制度における適格請求書等保存方式に関するQ&A　問63」

一方、令和5年(2023年)10月２日以後に登録を受ける場合は、令和5年(2023年)10月１日から登録日前までに行った取引について適格請求書を交付することができません。この場合の登録日をまたぐ請求書は、登録日前後の取引を区分して請求書等に記載し、登録日以後の取引についてのみ適格請求書を交付しなければなりません。

すでに登録番号が通知された場合、令和5年(2023年)9月30日より前に、区分記載請求書等に登録番号を記載しても、区分記載請求書等の記載事項が記載されていれば、区分記載請求書等として扱われます。

また、令和5年(2023年)9月30日より前に、適格請求書の記載事項を満たした請求書等を発行しても、その請求書等は、区分記載請求書等として必要な記載事項を満たしていますので、問題となることはありません。

これで、登録日前後の請求書もばっちりです。

3-8

共有資産の譲渡・任意組合等に係る事業

共有資産の譲渡をする場合や、任意組合を組成している場合、以下の点に留意してください。

❶適格請求書発行事業者以外の者と共有している資産を譲渡した場合は、自己の持ち分について、適格請求書を発行する。

❷任意組合の場合、組合員の全員が適格請求書発行事業者であり、届出書を提出した場合、適格請求書を交付できる。

うちの会社、他の会社と共有でいくつか建物を持っているんです。来年以降に売ることを考えているのですけれど、この場合、適格請求書は発行しなくても大丈夫ですよね。

そんな場合でも、適格請求書発行事業者は買手から求められたら、必ず適格請求書を発行しなければならないんだ。

共有資産の譲渡・貸付

適格請求書発行事業者が、適格請求書発行事業者でない者と共有している資産を譲渡したり、賃貸している場合、取引の相手方から適格請求書の交付を求められれば、適格請求書発行事業者は適格請求書を交付しなければなりません。

この場合、適格請求書発行事業者は、所有者ごとに取引を合理的に区分し、適格請求書発行事業者の所有割合に応じた部分について、適格請求書を交付する必要があります。

具体的には、建物を売却した場合は、売却代金を建物の所有割合に対応するものとして、分割し、適格請求書を発行することになります。

任意組合等の適格請求書の交付

会社がジョイントベンチャーとして、任意組合を組成する場合もあります。

任意組合等の事業として行う課税資産の譲渡等については、その**組合員の全てが適格請求書発行事業者であり、業務執行組合員が、納税地を所轄する税務署長に「任意組合等の組合員の全てが適格請求書発行事業者である旨の届出書」を提出した場合に限って、適格請求書を交付することができます。**

この場合、任意組合等の組合員のいずれかが適格請求書を交付でき、その写しの保存は、適格請求書を交付した組合員が行います。

ここでの任意組合等は、以下を指します。

① 民法第667条第１項に規定する組合契約によって成立する組合
② 投資事業有限責任組合契約に関する法律第２条第２項に規定する投資事業有限責任組合
③ 有限責任事業組合契約に関する法律第２条に規定する有限責任事業組合
④ 外国の法令に基づいて設立された団体であって上記の組合に類似するもの

POINT

任意組合等は、組合員全員が適格請求書発行事業者であり、届出書を提出していれば、適格請求書を発行できます。

図3.15 任意組合等の組合員の全てが適格請求書発行事業者である旨の届出書

第５号様式

任意組合等の組合員の全てが適格請求書発行事業者である旨の届出書

収受印

令和　年　月　日	届出者	（フリガナ）	
		納税地	（〒　－　） （電話番号　－　－　）
		（フリガナ）	
		氏名又は名称及び代表者氏名	
		法人番号	※ 個人の方は個人番号の記載は不要です。
＿＿＿＿税務署長殿		登録番号	T

下記のとおり、任意組合等の組合員の全てが適格請求書発行事業者であるので、消費税法第57条の６第１項の規定により届出します。

（フリガナ）		
任意組合等の名称		
（フリガナ）		
任意組合等の事務所等の所在地		
届出者以外の全ての組合員の氏名又は名称及び登録番号	氏名又は名称	登録番号
		T
		T
		T
		T
		T
事業内容		
存続期間	自 令和　年　月　日　至 令和　年　月　日	
参考事項		
税理士署名	（電話番号　－　－　）	

※税務署処理欄	整理番号		部門番号		通信日付印 年　月　日	確認
	届出年月日	年　月　日	入力処理	年　月　日	番号確認	

注意　1　記載要領等に留意の上、記載してください。
　　　2　税務署処理欄は、記載しないでください。
　　　3　任意組合等に係る組合契約の契約書その他これに類する書類の写しを添付してください。

原則として、適格請求書に記載する「適格請求書発行事業者の氏名又は名称及び登録番号」は、組合員全員のものになりますが、以下を記載することもできます。

① 任意組合等の、いずれか1人又は複数名の組合員の「氏名又は名称及び登録番号」
② その任意組合等の名称

また、以下の事象が発生した場合には、発生した日以後の取引について、適格請求書が発行できなくなります。

① 適格請求書発行事業者でない新たな組合員の加入
② 当該任意組合等の組合員のいずれかが適格請求書発行事業者でなくなった

上記の事象が発生した場合は、業務執行組合員が速やかに納税地を所轄する税務署長に「任意組合等の組合員が適格請求書発行事業者でなくなった旨等の届出書」を提出する必要があります。

POINT

任意組合等は、適格請求書発行事業者でない組合員が加入したり、組合員の1人が適格請求書発行事業者でなくなると、適格請求書を発行できなくなります。

図3.16 任意組合等の組合員が適格請求書発行事業者でなくなった旨等の届出書

第6号様式

任意組合等の組合員が適格請求書発行事業者でなくなった旨等の届出書

収受印

令和　年　月　日 ＿＿＿＿税務署長殿	届出者	（フリガナ）	
		納税地	（〒　－　） （電話番号　－　－　）
		（フリガナ）	
		氏名又は 名称及び 代表者氏名	
		法人番号	※　個人の方は個人番号の記載は不要です。

下記のとおり、組合員の全てが適格請求書発行事業者である任意組合等でなくなったので、消費税法第57条の6第2項の規定により届出します。

（フリガナ）	
任意組合等の名称	
（フリガナ）	
任意組合等の事務所等の所在地	
届出理由が生じた日	令和　年　月　日
届出理由	□　適格請求書発行事業者以外の事業者を新たに組合員として加入させたため □　組合員のいずれかが適格請求書発行事業者でなくなったため
任意組合等の組合員の全てが適格請求書発行事業者である旨の届出書を提出した日	令和　年　月　日
参考事項	
税理士署名	（電話番号　－　－　）

※税務署処理欄	整理番号		部門番号			
	届出年月日	年　月　日	入力処理	年　月　日	番号確認	

注意　1　記載要領等に留意の上、記載してください。
　　　2　税務署処理欄は、記載しないでください。

当社では、他社と任意組合を組成して行っている事業もあるので、全員が適格請求書発行事業者であるという届出が出せるか、早速確認してみますね。

第4章

受領する場合の注意点を押さえよう

適格請求書等保存方式（インボイス制度）開始以後は、原則として適格請求書等を受領しなければ、消費税の仕入税額控除を受けることができません。

この章では、仕入税額控除を受けるためには、どのような点に気をつけなければならないのかについて、説明します。

誤った適格請求書等を受領した場合、帳簿の保存だけで仕入税額控除を受けることのできる取引、立替払してもらった場合、口座引き落としや見積額で仕入税額控除を受けられる場合などについて、説明しています。

4-1

仕入税額控除を受けるのに必要なことは？

- 仕入税額控除には、一定の事項を記載した帳簿と請求書等の保存が必要になります。
- 仕入税額控除に必要な請求書等は以下の通りです。
- ❶売手が交付する適格請求書又は適格簡易請求書
- ❷買手が作成する仕入明細書等
- ❸受託者から交付を受ける一定の書類
- ❹上記❶～❸の電磁的記録

適格請求書を発行するのに、不安はだいぶなくなりました。請求書を受け取る場合は、どんなことに気をつけたら、いいでしょうか？

適格請求書を受け取る目的は仕入税額控除を受けるためだから、最初は仕入税額控除を受けるために必要なことを整理しよう。

仕入税額控除に保存が必要な書類は？

適格請求書等保存方式が開始すると、仕入税額控除を受けるには、原則として、一定の事項を記載した帳簿と適格請求書などの請求書等の保存が必要になります。保存期間は、課税期間の末日の翌日から２月を経過した日から７年間です。

POINT

仕入税額控除を受けるには、一定の事項を記載した帳簿と適格請求書などの請求書等の保存が必要です。

図4.1　請求書等の保存期間の例

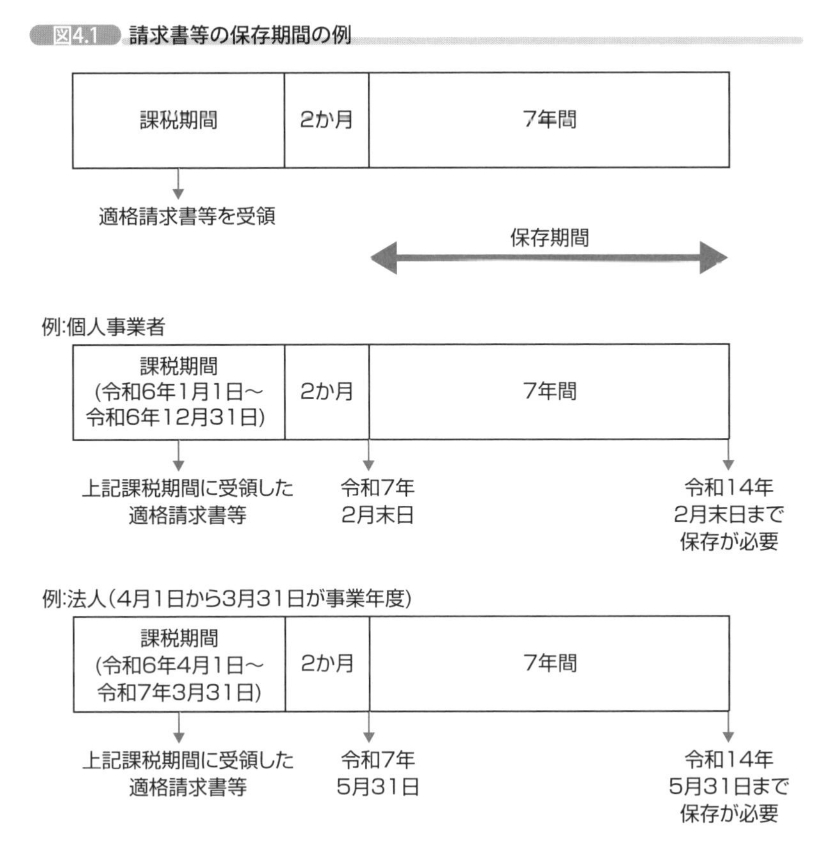

また、適格請求書等保存方式導入後は、免税事業者や消費者など、適格請求書発行事業者以外の者から行った課税仕入は、原則として仕入税額控除の適用を受けることはできなくなります(免税事業者との取引が多い事業者に大きな影響が出ないように、経過措置が設けられています。詳しくは4-5節を参照してください)。

POINT

適格請求書発行事業者以外からの課税仕入は、原則として仕入税額控除ができなくなります。

図4.2 仕入税額控除の要件

	～令和5年9月 【区分記載請求書等保存方式】	令和5年10月～ 【適格請求書等保存方式】 （インボイス制度）
帳簿	一定の事項が記載された帳簿の保存	区分記載請求書等保存方式と同様
請求書等	区分記載請求書等の保存	**適格請求書**(インボイス)等の保存

ここが変わります

出典：国税庁「適格請求書等保存方式の概要-インボイス制度の理解のために-」

これまでの説明は本則課税の場合です。

簡易課税制度を選択している場合は、課税期間における課税標準額に対する消費税額にみなし仕入率を掛けて計算した金額が控除対象仕入税額となりますので、適格請求書などの請求書等の保存は仕入税額控除の要件になりません(簡易課税制度については、7-3節を参照してください)。

この節では、本則課税の場合、仕入税額控除を受けるために、保存が必要となる帳簿と請求書等について説明します。

帳簿の記載事項

帳簿の記載事項について、区分記載請求書等保存方式からの変更はありません。

帳簿の記載事項となるのは2-1節で説明したように、❶「課税仕入の相手方の氏名又は名称」、❷「取引年月日」、❸「取引内容」、❹「対価の額」、❺「軽減税率の対象である旨の表記」の5点です。

POINT

仕入税額控除に必要な帳簿の記載事項は今までと同じです。

図4.3　帳簿の記載例

総勘定元帳（仕入）						（税込経理）
XX年		摘要		税区分	借方	貸方
月	日					
11	30	㈱△△	日用品	10%	88,000	
11	30	㈱△△	食料品	8%	43,600	

出典：国税庁「適格請求書等保存方式（インボイス制度）の手引き」より作成

❶については、課税仕入の相手方が特定できる場合、屋号や省略した名称などの記載、取引先コード等の記号・番号等による表示も可能です。

❸については、商品の一般的総称でまとめて記載するなど、申告時に請求書等を参照しなくても、軽減税率の対象となるものか、それ以外のものであるかが明確で、帳簿に基づいて、税率ごとに仕入税額控除を計算できれば、問題ありません。

上記の記載例では、「日用品」「食料品」と商品の一般的名称で記載しています。

また、軽減対象資産の譲渡等であるかどうかの判別を明らかにできれば、商品コード等の記号・番号等による表示もできます。

上記の記載例では、税区分を設けて、軽減税率の対象であることを示していますが、2-1節の記載例のように、「※」等の記号を記載し、その記号が軽減税率対象品目を示すことを欄外などに記載する方法でも問題ありません。

保存が必要となる請求書等

仕入税額控除を受けるために、保存が必要となる請求書等は、次の通りです。

(1)売手が交付する適格請求書又は適格簡易請求書
(2)買手が作成する仕入明細書等

(3)受託者から交付を受ける一定の書類

(4)1～3の電磁的記録

(2)は、2-2節で説明した「取引先が請求書を作らず、買手が作成する仕入明細書で、仕入税額控除の適用を受ける場合」を想定しています。

2-3節で前述したとおり、仕入明細書等の保存で仕入税額控除の適用を受けるには、課税仕入の相手方の登録番号を記載することと、課税仕入の相手方の確認を受けることが重要になります。

図4.4 仕入明細書

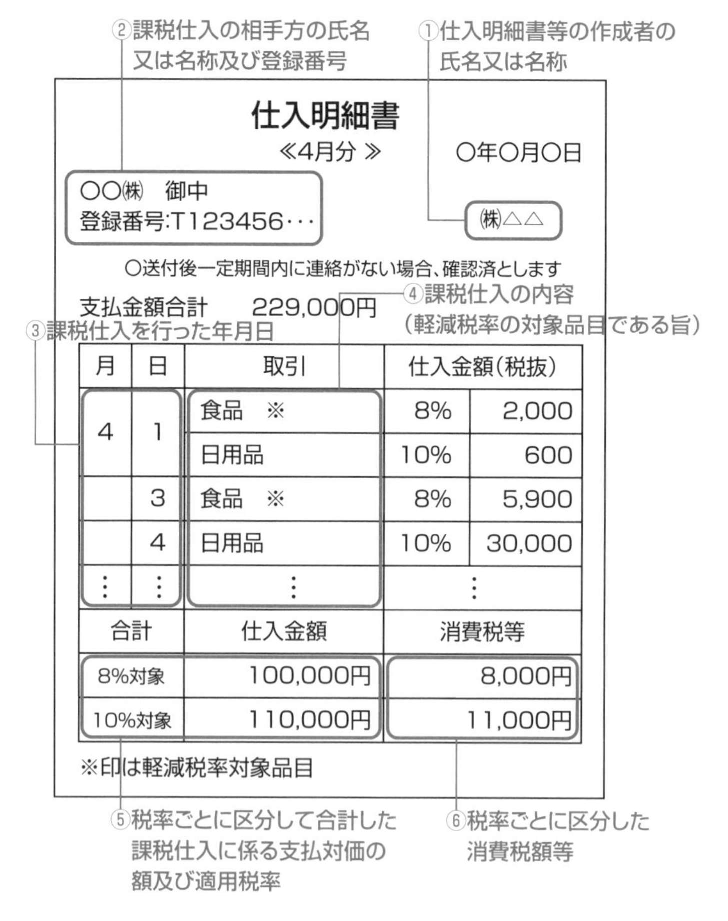

出典：国税庁「適格請求書等保存方式の概要-インボイス制度の理解のために-」より作成

(3)は、3-1節で説明した「適格請求書の交付義務が免除される場合」のうち、以下の場合を想定しています。

- 卸売市場で出荷者から委託を受けて卸売の業務として行う生鮮食料品等の販売
- 農業協同組合、漁業協同組合又は森林組合等が生産者(組合員等)から委託を受けて行う農林水産物の販売(無条件委託方式かつ共同計算方式によるものに限られます)

図4.5 適格請求書の交付義務が免除される場合

● 卸売市場において行う生鮮食品等の販売

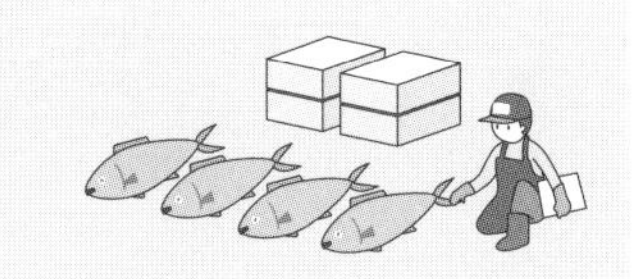

● 農協・水産業協・森林組合等に委託した農林水産物の販売

この場合、媒介又は取次ぎに係る業務を行う者が作成する一定の書類(書類に記載すべき事項に係る電磁的記録を含みます)を保存しなければなりません。

仕入税額控除を受けるために、必要となる請求書等をちゃんと保存しなければならないということですね。

4-2

誤ったインボイスを受領した場合はどうする？

適格請求書等保存方式開始後は、受け取り側で誤ったインボイスの修正は自由にできません。以下の対応が必要です。

❶発行側に再発行してもらう。

❷誤りを修正した仕入明細書を作成し、売手の確認を受ける。

仕入先から受け取る請求書なんですけど、軽減税率の対象品目を間違っていることが結構多いんですよ。今まで通り、こちらで請求書に追記してもいいんですよね？

適格請求書等保存方式開始後は、勝手に追記することができなくなるんだ。

誤ったインボイスを受領した場合の対応

現行の区分記載請求書等保存方式では、仕入先から交付された請求書等に「軽減税率の対象品目である旨」や「税率ごとに区分して合計した税込対価の額」が書かれていなかった場合、これらの項目に限って、交付を受けた事業者自らが、その取引の事実に基づき追記することが認められてきました。適格請求書や適格簡易請求書、適格返還請求書では、このような修正や追記は一切認められなくなっています。

そのため、受け取った適格請求書等に必要な記載事項の漏れ、誤りがあった場合は、取引先である発行者に再発行してもらう必要があります。

図4.6 再発行の例

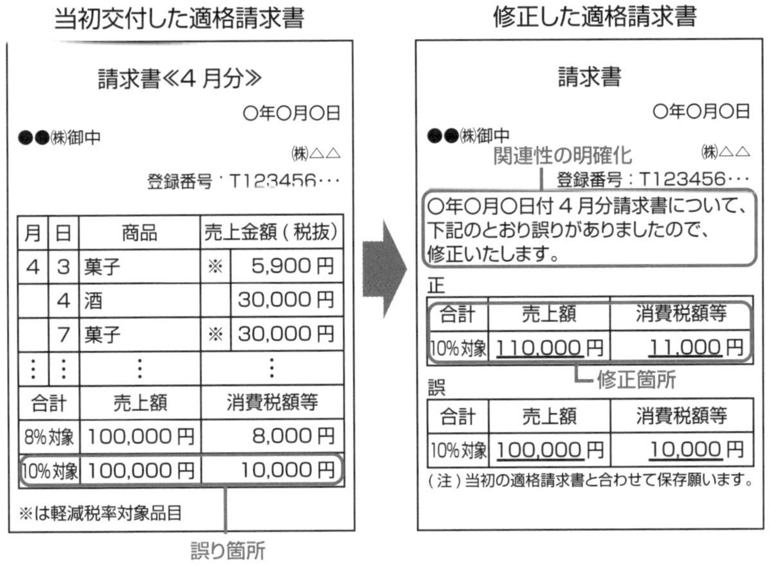

当初交付した適格請求書

請求書《4月分》

○年○月○日

●●㈱御中

㈱△△

登録番号：T123456…

月	日	商品	売上金額（税抜）	
4	3	菓子	※	5,900円
	4	酒		30,000円
	7	菓子	※	30,000円
⋮	⋮	⋮	⋮	

合計	売上額	消費税額等
8%対象	100,000円	8,000円
10%対象	100,000円	10,000円

※は軽減税率対象品目

誤り箇所

修正した適格請求書

請求書

○年○月○日

●●㈱御中

㈱△△

関連性の明確化

登録番号：T123456…

○年○月○日付４月分請求書について、
下記のとおり誤りがありましたので、
修正いたします。

正

合計	売上額	消費税額等
10%対象	110,000円	11,000円

修正箇所

誤

合計	売上額	消費税額等
10%対象	100,000円	10,000円

（注）当初の適格請求書と合わせて保存願います。

出典：国税庁「適格請求書等保存方式の概要-インボイス制度の理解のために-」より作成

3-3節で学習したように、適格請求書発行事業者は、交付した適格請求書の記載事項に誤りがあったときは、買手である課税事業者に対して、修正した適格請求書を交付しなければなりません。したがって、誤りのある場合は、必ず発行者から再発行した適格請求書等を受領することができます。

前にも話しましたが、こちらで仕入明細書を作成している業者さんがいます。業者さんに間違った仕入明細書を渡してしまった場合はこっちで勝手に仕入明細書を修正してもいいんですか？

その場合も、業者さんの確認は必要になるよ。

適格請求書や適格簡易請求書、適格返還請求書では、買手による修正や追記は一切認められないのが原則です。しかし、買手が修正を加えることができる例外が一つあります。それは、買手が仕入明細書を作成し、適格請求書発行事業者である売手の確認を受けて、請求書として保存する場合です。

この場合も、買手が記載事項の誤った部分を修正した仕入明細書を作成した後、売手に確認してもらう必要があります。売手の確認を受ければ、適格請求書として、仕入税額控除の適用を受けることができます。

誤ったインボイスを受領したときは、必ず修正した適格請求書を受領しなければならないということですね。

4-3

帳簿の保存だけで仕入税額控除が受けられる取引とは？

- 以下のものは適格請求書等がなくても仕入税額控除できます。
  - ❶3万円未満の公共交通料金等
  - ❷入場券で入場の際回収されるもの
  - ❸古物の購入（相手方が適格請求書発行事業者でない場合）
  - ❹質物の取得（相手方が適格請求書発行事業者でない場合）
  - ❺建物の購入（相手方が適格請求書発行事業者でない場合）
  - ❻再生資源、再生部品の購入（相手方が適格請求書発行事業者でない場合）
  - ❼自動販売機、自動サービス機からの商品の購入
  - ❽郵便切手類のみを対価とする郵便・貨物サービス
  - ❾従業員に支給する出張旅費等

適格請求書等保存方式開始後に、仕入税額控除を受けるには、必ず適格請求書を受け取らなければならないということですね。

適格請求書がなくても、仕入税額控除の適用を受けることができる取引はいくつかあるよ。経理担当者としては、当然知っておかなければならないかな。

仕入税額控除にインボイスが要らない取引は？

次ページの取引は、請求書等の交付を受けることが難しい等の理由があるので、一定の事項を記載した帳簿を保存すれば、適格請求書等がなくても仕入税額控除できます。

なお、※印のあるものは、相手方が適格請求書発行事業者である場合、適格請求書の交付を受け、それを保存する必要があります。

① 公共交通機関特例の対象として適格請求書の交付義務が免除される３万円未満の公共交通機関による旅客の運送

具体例をあげると、東京一大阪間の大人運賃が13,000円であり、４人分の運送役務の提供を行う場合には、４人分の52,000円で判定することとなります。

特別急行料金、急行料金及び寝台料金等、旅客の運送に直接的に附帯する対価は、公共交通機関特例の対象です。一方、入場料金や手回品料金など旅客の運送に直接的に附帯する対価でないものは、公共交通機関特例の対象とならないので注意が必要です（売手において適格請求書の交付義務が免除される場合と同様です。3-1節を参照してください）。

② 適格簡易請求書の記載事項（取引年月日を除く）が記載されている入場券等が、使用の際に回収される取引（①に該当するものを除く）

③ 適格請求書発行事業者でない古物営業者からの古物（古物営業者の棚卸資産に該当するものに限ります）の購入※

④ 適格請求書発行事業者でない質屋からの質物（質屋の棚卸資産に該当するものに限ります）の取得※

⑤ 適格請求書発行事業者でない宅地建物取引業者からの建物（宅地建物取引業者の棚卸資産に該当するものに限ります）の購入※

⑥ 適格請求書発行事業者でない者からの再生資源及び再生部品（購入者の棚卸資産に該当するものに限ります）の購入※

⑦ 適格請求書の交付義務が免除される３万円未満の自動販売機及び自動サービス機からの商品の購入等

通常よく見られる自動販売機での飲料・食料の販売、コインランドリーやコインロッカーなどによるサービスの提供のことです。また、手数料を対価とする金融機関のＡＴＭによる入出金サービスや振込サービスも含まれます。

注意するのは、小売店内にあるセルフレジのように、精算だけを行うものは含まれないことです。また、コインパーキングや自動券売機のように代金の受領と券類の発行はその機械装置で行われても、商品の引き渡しやサービスの提供が別途行われるもの、ネットバンキングのように機械装置で資産の譲渡等が行われないものも対象外です(売手において適格請求書の交付義務が免除される場合と同様です。3-1節を参照してください)。

⑧ 適格請求書の交付義務が免除される郵便切手類のみを対価とする郵便・貨物サービス

郵便ポストに差し出されたものに限ります。売手において適格請求書の交付義務が免除される場合と同じです(3-1節を参照してください)。

⑨ 従業員等に支給する通常必要と認められる出張旅費等(出張旅費、宿泊費、日当及び通勤手当)

POINT

仕入税額控除に適格請求書等の要らない取引は覚えておきましょう。

図4.7 仕入税額控除に適格請求書等が要らない取引

①
3万円未満の公共交通機関による旅客の運送

⑥
適格請求書発行事業者でない者からの再生資源及び再生部品の購入
(棚卸資産に該当するもの)

②
入場券等の証拠書類が使用の際に回収される取引

⑦
3万円未満の自動販売機及び自動サービス機からの商品の購入等

③
適格請求書発行事業者でない古物営業者からの古物の購入
(棚卸資産に該当するもの)

⑧
郵便切手類のみを対価とする郵便・貨物サービス
(郵便ポストに投函されたもの)

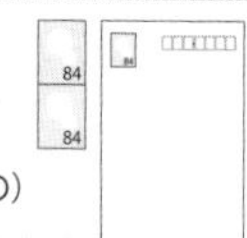

④
適格請求書発行事業者でない質屋からの質物の取得
(棚卸資産に該当するもの)

⑨
従業員等に支給する通常必要と認められる出張旅費、日当、宿泊費、通勤手当

⑤
適格請求書発行事業者でない宅地建物取引業者からの建物の購入
(棚卸資産に該当するもの)

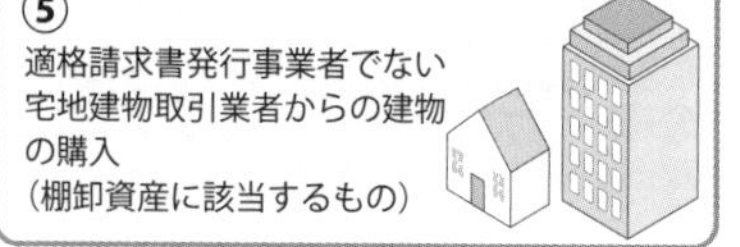

「⑨従業員等に支給する出張旅費、宿泊費、日当等」について

帳簿のみの保存で仕入税額控除が認められる「その旅行に通常必要であると認められる部分」であるかどうかは、所得税基本通達9－3に基づき判定します。具体的には、以下の2つを満たせば、帳簿のみの保存で仕入税額控除が認められます。

(1)支給額が、その支給をする会社等の役員、使用人の全てと適正なバランスが保たれている基準で計算されたものである

(2)支給額が、その支給をする会社等と同業種、同規模の他の会社等が一般的に支給している金額と照らして相当と認められるものである

⑨「従業員等に支給する通勤手当」について

帳簿のみの保存で仕入税額控除が認められる「通勤者につき通常必要と認められる部分」については、通勤に通常必要と認められるものであればよく、所得税法施行令第20条の２で規定している非課税とされる通勤手当の金額を超えているかどうかは問題となりません。

上記の取引で、仕入税額控除を受けるために、帳簿にはどんなことを記載しなければならないんですか？

「仕入税額控除が認められるどの仕入に該当するか」や仕入の相手方の住所又は所在地などを記載する必要があるね。

帳簿の記載方法

帳簿のみの保存で仕入税額控除の適用を受ける場合、帳簿の記載事項に関し、通常必要な記載事項に加えて、次の事項の記載が必要となります。

1. 帳簿のみの保存で仕入税額控除が認められるいずれかの仕入に該当する旨
2. 仕入の相手方の住所又は所在地（一定の者を除きます）

図4.8 仕入税額控除にインボイスが要らない取引(1)

帳簿のみ保存の特例を適用する場合の帳簿記載事項等

① 課税仕入の相手方の氏名又は名称
② 取引年月日
③ 取引内容（軽減税率対象の場合、その旨）
④ 対価の額
⑤ 課税仕入の相手方の住所又は所在地
※国税庁長官が指定する者に係るものである場合、記載不要です。
⑥ 特例の対象となる旨

記載例（公共交通機関特例の場合）

総勘定元帳（仕入）						
XX年		摘要			税区分	借方（円）
月	日					
6	11	JR○○線	運賃	公共交通機関	10%	140
6	13	△△地下鉄	運賃	公共交通機関	10%	170

出典：「インボイス説明資料（令和4年5月）」より作成

1．について、いずれの仕入に該当するかについては以下のような記載が可能です。

・106ページの①に該当する場合：「３万円未満の鉄道料金」
・106ページの②に該当する場合：「入場券等」

図4.9 仕入税額控除にインボイスが要らない取引(2)

総勘定元帳（仕入）						
② XX年		摘要			税区分	借方（円）
月	日	①⑤	③	⑥		④
12	17	秀和太郎（東京都江東区～）	書籍	古物等の購入	10%	7,700
12	20	船井花子（大阪府大東市～）	事務機器	古物等の購入	10%	33,000

出典：「インボイス説明資料（令和4年5月）」より作成

2. について、帳簿に仕入の相手方の住所又は所在地の記載が不要な一定の者は以下のイ～ニが該当します。

イ：適格請求書の交付義務が免除される３万円未満の公共交通機関（船舶、バス又は鉄道）による旅客の運送について、その運送を行った者
ロ：適格請求書の交付義務が免除される郵便役務の提供について、その郵便役務の提供を行った者
ハ：課税仕入に該当する出張旅費等（出張旅費、宿泊費、日当及び通勤手当）を支払った場合、当該出張旅費等を受領した使用人等
ニ：106ページの③から⑥の課税仕入を行った場合、当該課税仕入の相手方

※③～⑤は、古物営業法、質屋営業法又は宅地建物取引業法で、業務に関する帳簿等へ相手方の氏名及び住所を記載することとされているもの以外のものに限ります。⑥は、事業者以外の者から受けるものに限ります。

また、現行では、「３万円未満（税込）の課税仕入」及び「請求書等の交付を受けなかったことにつきやむを得ない理由があるとき」は、一定の事項が記載された帳簿の保存のみで仕入税額控除が認められていますが、適格請求書等保存方式の開始後は、これらの規定は廃止されますので、注意が必要です。

注）令和4年12月23日に閣議決定された「令和5年度与党税制改正大綱」では、基準期間の課税売上高が１億円以下又は特定期間における課税売上高が5,000万円以下である事業者の課税仕入について、支払対価の額が１万円未満の場合には、一定の事項を記載した帳簿の保存だけで、仕入税額控除を認めることが予定されています。この措置が認められる期間等、詳しくは8-3節を参照してください。

帳簿に記載すれば仕入税額控除の適用を受けることができる取引は覚えておいた方がよさそうですね。

4-4

請求書等に係る電子データの保存

- 提供を受けた電子データをそのまま保存するには、以下の措置が必要です。
- ❶タイムスタンプが付された適格請求書に係る電子データを受領する等
- ❷システム概況書を備えつける
- ❸電子データを保存した場所ではっきりわかる形で、すぐに出力できる
- ❹検索機能を確保する

適格請求書を電子データで受け取ったら、電子データで保存しなければならないということですね。

今のところ、消費税法では、電子取引データを紙に印刷したもので仕入税額控除の適用を受けることはできるんだ。でも、法人税法、所得税法では、令和7年（2024年）1月からは、電子データのまま保存しなければならなくなるから、今のうちに電子データでの保存を考えておいた方がいいかもしれないよ。

電子データを保存するには？

現在の消費税法では、提供された適格請求書の電子データを紙に印刷して保存しても、はっきりわかる形で出力されていれば、仕入税額控除の適用を受けることができます。

一方、法人税法、所得税法では、2024年1月1日以降、作成、受領した電子取引データは電子データのまま、保存しなければなりません。

電子データの保存で留意しなければならないのは次の4点です。

(1)タイムスタンプ等により、改ざんされたものでないことを明らかにする

(2)システム概況書を備えつけ、システムの構成やデータの流れを明らかにする

(3)電子データを保存した場所ではっきりわかる形で、すぐに出力できるようにする

(4)検索機能を確保する

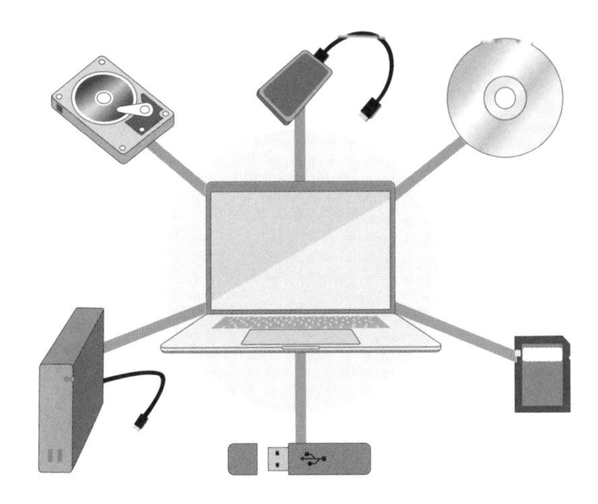

提供を受けた電子データをそのまま保存しようとする場合、次の措置を講じる必要があります。

① 次のイからニのいずれかの措置を行う。

イ：タイムスタンプが付された適格請求書の電子データを受領する

ロ：次のどれかの方法で、タイムスタンプを付し、その電子データの保存を行う者又はその者を直接監督する者に関する情報を確認できるようにする。

・適格請求書の電子データの提供を受けた後、すぐにタイムスタンプを付す

・適格請求書の電子データの提供からタイムスタンプを付すまでに規程で定められた事務の処理がある場合、事務処理に要する期間を経過した後、すぐにタイムスタンプを付す

ハ：適格請求書の電子データについて、次のいずれかの要件を満たすPC等を使用して電子データを受領し、その電子データを保存する。

・訂正又は削除を行った場合には、その事実及び内容を確認することができる

・訂正又は削除することができない

ニ：適格請求書の電子データの記録事項について正当な理由がない訂正と削除の防止について、規程を定め、その規程に沿った運用を行い、電子データの保存に合わせてこの規程を備えつける。

② 適格請求書の電子データの保存等にあわせて、システム概況書を備えつける。

③ 適格請求書の電子データの保存等をする場所に、その電子データの処理ができるPC等、アプリケーション、ディスプレイ、プリンタ、これらの操作説明書を備えつけ、その電子データをディスプレイの画面と書面に、はっきりわかる形で、すぐに出力できる。

④ 適格請求書の電子データに、次のような検索機能を確保する。

※ 国税に関する法律の規定による電子データの提示または提出ができる場合は、ii及びiiiの要件が不要。その判定期間に係る基準期間における売上高が1,000万円以下の事業者が、国税に関する法律の規定による電子データの提示または提出ができる場合は、検索機能の全てが不要です。

i 取引年月日その他の日付、取引金額及び取引先を検索条件として設定できる

ii 日付又は金額に係る記録項目の範囲を指定して条件を設定できる

iii 2つ以上の任意の記録項目を組み合わせて条件を設定できる

最近、情報システム部ともよく打ち合わせしているんですが、改正電子帳簿保存法への対応も合わせて、待ったなしですね。

4-5

免税業者等からの課税仕入の経過措置を知ろう

令和4年(2022年)12月1日時点で免税業者からの仕入税額控除について、以下の経過措置が設けられています。

　❶令和8年(2026年)9月30日まで、80%控除可能

　❷令和11年(2029年)9月30日まで、50%控除可能

適格請求書等保存方式が始まると、免税業者さんとの取引が多い会社は仕入税額控除の適用がなくなって、負担も大変なことになりそうですね。

実は、すぐに大きな影響が出ないように、ちゃんと経過措置が設けられているんだ。

免税業者等からの課税仕入の経過措置

適格請求書等保存方式が開始すると、適格請求書発行事業者以外の者(消費者、免税事業者または登録を受けていない課税事業者)からの課税仕入は、仕入税額控除を行うことができなくなります(簡易課税制度(7-3節参照)を選択している場合を除きます)。

これは社会的に大きな影響を与えるため、適格請求書等保存方式開始から一定期間は、適格請求書発行事業者以外の者からの課税仕入であっても、仕入税額相当額の一定割合を仕入税額とみなして控除できる経過措置が設けられています。

経過措置を適用できる期間等は、令和4年(2022年)12月1日時点で次のとおりです。

図4.10 経過措置の適用期間

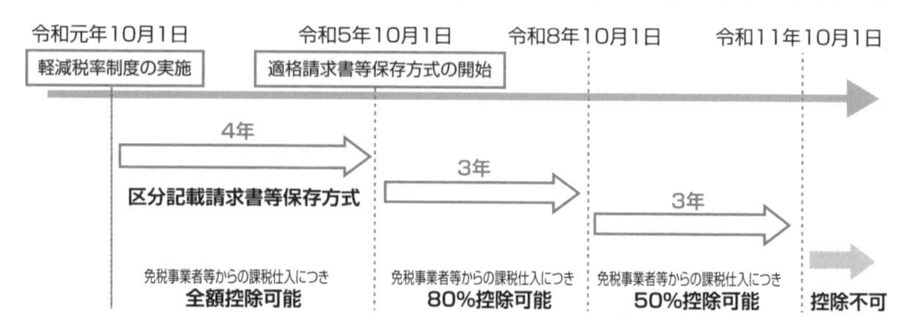

出典：国税庁「適格請求書等保存方式の概要-インボイス制度の理解のために-」

経過措置の適用を受けるためには、帳簿と請求書等に一定の事項を記載し、保存することが必要になります。

(1)帳簿の記載事項

区分記載請求書等保存方式の記載事項に加え、例えば、「80%控除対象」など、経過措置の適用を受ける課税仕入である旨の記載が必要です。具体的には、次の事項です。

① 課税仕入の相手方の氏名又は名称
② 取引年月日
③ 課税仕入に係る資産又は役務の内容(課税仕入が他の者から受けた軽減対象資産の譲渡等に係るものである場合には、資産の内容及び軽減対象資産の譲渡等に係るものである旨)及び経過措置の適用を受ける課税仕入である旨
④ 課税仕入に係る支払対価の額

POINT

仕入税額控除の経過措置を受けるには、帳簿と請求書に一定の事項を記載し、保存することが必要です。

図4.11　帳簿の記載例

③課税仕入に係る資産又は役務の内容及び経過措置の適用を受ける課税仕入である旨

総勘定元帳（仕入）						（税込経理）
XX年		摘要		税区分	借方	貸方
月	日					
11	30	㈱△△	日用品（80％控除対象）	10％	88,000	
11	30	㈱△△	食料品（80％控除対象）	8％	43,200	

②取引年月日

④課税仕入に係る支払対価の額

①課税仕入の相手方の氏名又は名称

出典：国税庁「適格請求書等保存方式（インボイス制度）の手引き」より作成

（2）請求書等の記載事項

区分記載請求書等と同様の記載事項が必要です（区分記載請求書等に記載すべき事項に係る電磁的記録を含みます）。具体的には、次の事項です。

① 発行者の氏名又は名称
② 取引年月日
③ 取引の内容（課税資産の譲渡等が軽減対象資産の譲渡等である場合には、資産の内容及び軽減対象資産の譲渡等である旨）
④ 税率ごとに合計した税込対価の価額
⑤ 請求書受領者の氏名または名称

受領した請求書に、「③資産の内容及び軽減対象資産の譲渡等である旨」と「④税率ごとに合計した課税資産の譲渡等の税込価額」の記載がない場合に限っては、受領者が自ら請求書等に追記して保存しても、帳簿の記載と合わせて、仕入税額控除を受けることができます。

図4.12 請求書の記載例

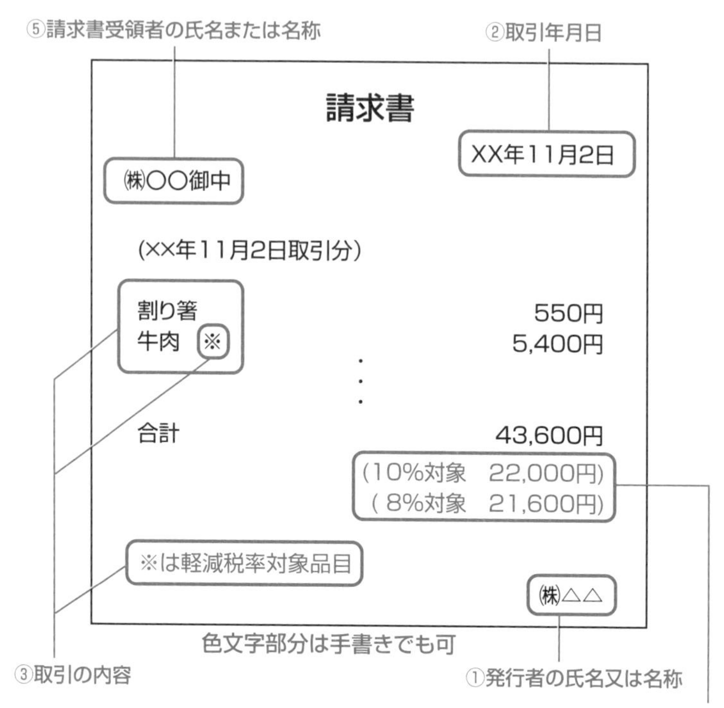

出典：国税庁「適格請求書等保存方式(インボイス制度)の手引き」より作成

当社では、免税事業者からの仕入も結構あるので、帳簿と請求書にしっかり記載するようにします。

4-6

共同事業の経費、立替払経費の仕入税額控除

共同事業の経費、立替払経費について仕入税額控除を受けるために、以下のものを保存する必要があります。

❶共同事業の経費：適格請求書のコピーと各構成員の出資金等の割合に応じた対価の金額の配分内容が記載されたもの

❷立替払を受けた経費：適格請求書と立替金精算書

うちの会社が他社と任意組合を組成して行っている事業では、幹事会社がまとめて、経費を支払うんです。この場合仕入税額控除は受けられるんですか。

その場合、適格請求書のコピーと各構成員の出資金等の割合に応じた対価の金額の配分内容が記載されたものを保存すればいいんだ。

共同事業としての経費を仕入税額控除するには？

任意組合の共同事業として課税仕入を行う場合、幹事会社が課税仕入の名義人となっているなどの理由から、各構成員の持分に応じた適格請求書の交付を受けることができない場合があります。

この場合、**幹事会社が仕入先から受領した適格請求書のコピーに、各構成員の出資金等の割合に応じた対価の金額の配分内容が記載されたものの交付を受けて、それを保存すれば、仕入税額控除のための請求書等を保存したことになります。**

また、任意組合の構成員が多数で、交付する適格請求書のコピーが大量となるなどの理由で、立替払を行った幹事会社がコピーを交付することが難しい場合は、幹事会社が仕入先から交付された適格請求書を保存し、

構成員に精算書を交付すれば、構成員はその精算書の保存をすることで、仕入税額控除のための請求書等を保存したことになります。

他の事業者による経費の立替を仕入税額控除するには？

他の事業者によって、課税仕入の立替払が行われる場合、立替払した他の事業者宛に交付された適格請求書を、立替払してもらった事業者が受領しても、適格請求書に記載されている交付を受ける事業者の名前または名称が異なるため、立替を受けた事業者に交付された適格請求書とすることができません。

図4.13 立替払のイメージ

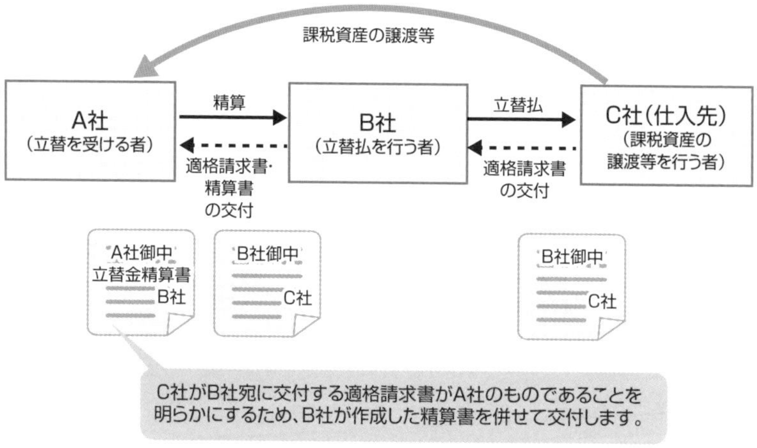

出典：国税庁「適格請求書等保存方式（インボイス制度）の手引き」より作成

この場合、立替を受ける者が、立替払を行う者からの立替金精算書等の交付などにより、課税資産の譲渡等が立替を受ける者のために行われたことが明らかであれば、その適格請求書と立替金精算書等の書類を保存することで、課税仕入に係る請求書等を保存したことになります。立替払を行う者は、適格請求書発行事業者でなくとも問題ありません。

また、立替払の内容が、請求書等の交付を受けることが困難であるなどの理由により、一定の事項を記載した帳簿のみの保存で仕入税額控除が認められる課税仕入に該当する場合、立替を受ける者は、一定の事項を記載した帳簿を保存することにより、仕入税額控除を行うことができます。この場合、適格請求書及び立替金精算書等の保存は不要となります。

立替払を行う者が、複数の事業者の経費を一括して立替払している場合、原則として、立替払を行う者は受領した適格請求書をコピーし、行った課税仕入がどの事業者のものであるかを明らかにするための「立替払を行う者が作成した精算書」を合わせて、それぞれの事業者に交付しなければなりません。

立替を受けた者に交付する適格請求書のコピーが大量となるなどの理由で、立替払を行う者がコピーを交付することが難しい場合は、立替払を行う者が適格請求書を保存し、立替を受けた者に立替金精算書を交付すれば、立替を受けた者は、立替金精算書の保存をすることで、仕入税額控除を行うことができます。

この場合、立替払を行う者は、その立替金が「適格請求書発行事業者からの仕入か、適格請求書発行事業者以外の者からの仕入か」を明らかにし、適用税率ごとに区分する等、立替を受けた者が仕入税額控除を受けるために必要な事項を立替金精算書に記載する必要があります。

また、仕入税額控除の要件として保存が必要な帳簿には、課税仕入の相手方の氏名又は名称の記載が必要です。**立替金精算書だけでは、仕入先が適格請求書発行事業者であるか否かを確認できないので、立替払を行う者と立替を受けた者で、課税仕入の相手方の氏名又は名称及び登録番号を確認できるようにしておく必要があることに注意してください。**

経費を立替えてもらった場合、仕入税額控除を受けるには、受領しなければならない書類や確認事項があるので、注意が必要ですね。

4-7

口座振替・見積額の仕入税額控除

- 口座振替・見積額について仕入税額控除を受けることができるのは以下の場合です。
  - ❶口座振替の場合、複数の書類で記載事項を満たせば、仕入税額控除できる。
  - ❷見積額が記載された適格請求書を受領できれば、保存することで見積額による仕入税額控除が認められる。
  - ❸見積額が記載された適格請求書を受領できない場合でも、契約等に基づき継続的に課税資産の譲渡等が行われ、金額が確定した際に適格請求書の交付を受ける可能性の高い取引は、適正に見積もった金額で、仕入税額控除を行うことができる。

小田切さん、口座振替や見積額で請求書を受け取る場合は、仕入税額控除できるんですか？

口座振替の場合、複数の書類が記載事項を満たせば、仕入税額控除できるよ。見積額の場合、見積額が記載された適格請求書を受領できるかどうかで取り扱いが変わってくるな。

口座振替の経費を仕入税額控除するには？

契約書に基づき代金決済が行われるだけで、取引の都度、請求書や領収書が交付されない取引も、仕入税額控除を受けるには、原則として、適格請求書の保存が必要です。

口座振替・口座振込による家賃の支払の場合、一定期間の賃借料についての適格請求書の交付を受け、その保存により対応することも可能です。

また、適格請求書として必要な記載事項は、一つの書類に全てが記載されている必要はなく、複数の書類で記載事項を満たせば、書類全体で適格請求書の記載事項を満たすことになるので、適格請求書の記載事項の一部が記載された契約書(譲渡の年月日以外の事項を示す)と通帳や銀行が発行した振込金受取書(課税資産の譲渡等の年月日を示す)を合わせて保存することにより、請求書等の保存として仕入税額控除の要件を満たすことができます。

図4.14 複数の書類で記載事項を満たす例

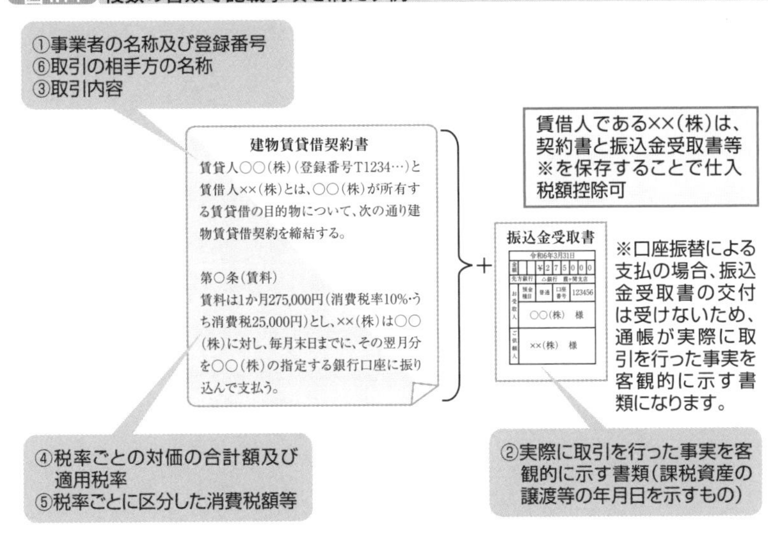

※①〜⑥は適格請求書の記載事項(25ページを参照してください)

出典:「インボイス説明資料(令和4年5月)」より作成

また、令和5年(2023年) 9月30日以前からの契約で、契約書に登録番号などの適格請求書として必要な事項の記載が不足している場合、別途、登録番号などの記載が不足していた事項を通知してもらい、契約書と保存すれば、問題ないものとされます。

見積額の経費を仕入税額控除するには?

課税期間の末日までにその支払対価の額が確定せず、見積額で仕入税額控除を行う場合の取扱いは「(1)見積額が記載された適格請求書の交付を受けた場合」と「(2)受けられない場合」で取り扱いが異なります。

(1)見積額が記載された適格請求書の交付を受けた場合

取引相手から見積額の記載された適格請求書の交付を受けた場合、これを保存することで、見積額による仕入税額控除が認められます。

確定額が見積額と異なった場合には、確定額が記載された適格請求書(対価の額を修正した適格請求書)の交付を受けた上で、これを保存する必要があります。

また、見積額を記載した仕入明細書を自ら作成し、相手方の確認を受けた場合は、これを保存することで見積額による仕入税額控除が認められます。

(2)見積額が記載された適格請求書の交付を受けられない場合

電気・ガス・水道水の供給のように、適格請求書発行事業者から継続して行われる取引は、見積額が記載された適格請求書や仕入明細書の保存がなくても、金額が確定したときに交付される適格請求書の保存を条件とすれば、事業者が課税期間の末日までの使用量等で適正に見積もった金額で、仕入税額控除を行うことができます。

上記の他、機械等の保守点検、弁護士の顧問契約など、契約等に基づき継続的に課税資産の譲渡等が行われ、金額が確定した際に適格請求書の交付を受ける可能性の高い取引も同様です。

(1)(2)の場合は、確定した対価の額が見積額と異なる場合、その差額を、その確定した日の属する課税期間における課税仕入に係る支払対価の額に加算、又は控除する必要があります。

現在、口座振替で経費を払っているものは、複数の書類で適格請求書の記載事項を満たすことができるか、確認する必要がありますね。見積額で仕入税額控除を受けることができる可能性のあるものも検討しておきます

第5章

税額計算の方法を理解しよう

そもそも、消費税額はどのように計算されるのでしょうか。この章では、消費税額の計算手順と消費税の計算方法である「割戻し計算」と「積上げ計算」について説明します。

また、売上税額の計算と仕入税額の計算には、適用可能な組み合わせがあります。割戻し計算と積上げ計算、どちらを選んだ方が有利であるのか、どの組み合わせが適用可能であるのかについても、詳しく説明します。

5-1

消費税額の計算方法

- 消費税額の計算は通常次の順序で行われます。
  - ❶課税標準額の計算
  - ❷消費税(国税)の計算
  - ❸課税仕入高の合計額の計算
  - ❹課税仕入に係る消費税額の計算
  - ❺差引税額の計算
  - ❻地方消費税の計算

本で勉強していたら、消費税の税率に7.8%とか、6.24%という数字が出てきました。8%、10%以外の税率もあるんですか？

普段8%とか10%といっているのは、消費税と地方消費税を合わせた税率のことをいっているんだ。

消費税と地方消費税

税額の計算を理解するには、消費税と地方消費税について知っておく必要があります。消費税と地方消費税について、よく理解されている方は、この節は飛ばして次の節からお読みください。

通常、**標準税率10%や軽減税率8%で負担している消費税は、国税である消費税と地方税である地方消費税の合計です。**消費税と地方消費税の税率は下記の表のようになっています。

図5.1 消費税と地方消費税の税率

	標準税率	軽減税率
消費税率	7.8%	6.24%
地方消費税率	2.2% （消費税額の22/78）	1.76% （消費税額の22/78）
合計	10.0%	8.0%

出典：国税庁「消費税のあらまし（令和4年6月）」

消費税の計算は、正しくは先に国税分を計算し、地方消費税は、国税の額に22/78をかけて、計算します。

計算例を見て、消費税の計算方法を確認しましょう。

甲商店の令和3年（2021年）の課税売上高等の状況は以下のとおりです。

今年の消費税納付額を計算します。

	合計	うち軽減税率8%適用分	うち標準税率10%適用分
売上高（税込）	22,660,000円	13,110,000円	9,550,000円
仕入高（税込）	16,426,000円	8,736,000円	7,690,000円

※甲商店の売上は全て課税売上です。また簡易課税制度は選択していません。

(1)課税標準額の計算

売上高は税込ですので、課税標準額を計算します。課税標準額は消費税を除いた課税資産の譲渡等の対価の額のことです。

軽減税率8%適用分　13,110,000円×100/108=12,138,888円

標準税率10%適用分　9,550,000円×100/110=8,681,818円

課税標準額は1,000円未満切り捨てですので、それぞれ以下のようになります。

課税標準額：
軽減税率8%適用分　12,138,888円➜12,138,000円
標準税率10%適用分　8,681,818円➜8,681,000円

(2)消費税(国税)の計算

最初に国税分を計算するので、8%適用分は6.24%、10%適用分は7.8%をかけます。

軽減税率8%適用分　12,138,000円×6.24%=757,411円
標準税率10%適用分　8,681,000円×7.8%=677,118円
計　757,411円+677,118円=1,434,529円　…①

(3)課税仕入高の合計額の計算

課税仕入高は税込で考えますので、最初の表の通りです。

軽減税率8%適用分　8,736,000円
標準税率10%適用分　7,690,000円

(4)課税仕入に係る消費税額の計算

最初に国税分を計算するので、8%適用分は6.24/108、10%適用分は7.8/110をかけます。

軽減税率8%適用分　8,736,000円×6.24/108=504,746円
標準税率10%適用分　7,690,000円×7.8/110=545,290円
計　504,746円+545,290円=1,050,036円　…②

(5)差引税額の計算

消費税額①から控除税額②を差し引いて計算します。

1,434,529円①-1,050,036円②=384,493円

納付税額は100円未満切り捨てになるので、

384,493円➜384,400円

(6)地方消費税の計算

地方消費税は消費税(国税)に22/78をかけて、計算します。

384,400円×22/78=108,420円

納付税額は100円未満切り捨てになるので、

108,420円➜108,400円

消費税(国税)と地方消費税の納付額の合計は、以下になります。

384,400円+108,400円=492,800円

国税庁：令和3年分　消費税及び地方消費税の確定申告の手引き　個人事業者用(一般用)より作成

消費税と地方消費税を合わせて、軽減税率8%、標準税率10%というのは知っていましたが、それぞれ分けて計算すると、計算がぐっと難しくなりますね。

5-2

割戻し計算

- 消費税額の計算には、割戻し計算、積上げ計算の2つの計算方法があります。
- 割戻し計算は以下の手順で計算を行います。
- 【売上税額】
  - ❶税率ごとに区分した課税期間中の売上高の税込価額を合計します。
  - ❷100/110(軽減税率の対象となる場合は100/108)を掛けて税率ごとの課税標準額を算出します。
  - ❸それぞれの税率(7.8%又は6.24%)を掛けて、売上税額を算出します。
- 【仕入税額】
  - ❶課税期間中の課税仕入に係る支払対価の額を税率ごとに合計した金額に、7.8/110(軽減税率の対象となる場合は6.24/108)を掛けて、仕入税額を算出します。

前に、消費税の端数処理のルールが統一されたという話を聞きました(2-5 節参照)。他にも計算方法で変わったところはないですか?

適格請求書発行事業者でなければ、売上税額の計算に積上げ計算が選択できなくなったんだ。ここでは、割り戻し計算と積上げ計算の違いについて、知っておこう。

割戻し計算とは

1年間の税込売上高または税込仕入高の合計から、逆算して消費税額を計算する方法です。

割戻し計算では、税率ごとに区分した課税期間中の売上高の税込価額の合計額に、100/110(軽減税率の対象となる場合は100/108)を掛けて税率ごとの課税標準額を算出し、それぞれの税率(7.8%又は6.24%)を掛けて、売上税額を算出します。

割戻し計算による売上税額の計算は以下のようになります。

(1)軽減税率分

課税標準額：税込課税売上高の合計額×100/108=税抜課税売上高(千円未満切り捨て)

消費税額(軽減税率)：課税標準額×6.24%(①)

(2)標準税率分

課税標準額：税込課税売上高の合計額×100/110=税抜課税売上高(千円未満切り捨て)

消費税額(標準税率)：課税標準額×7.8%(②)

売上税額：(①)+(②)

図5.2　売上税額の割戻し計算

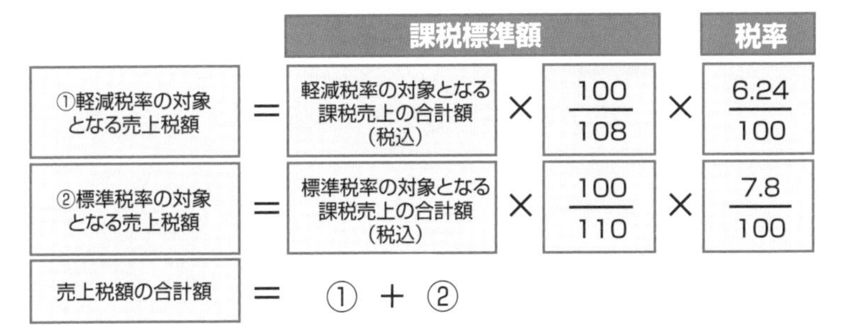

出典：国税庁「適格請求書等保存方式（インボイス制度）の手引き」

株式会社乙商店の当課税期間(令和3年(2021年)1月1日～令和3年(2021年)12月31日)の課税売上高の状況は以下のとおりです。

割戻し計算を用いて、売上税額を計算します。

	合計	うち軽減税率8%適用分	うち標準税率10%適用分
売上高（税込）	339,278,000円	203,878,000円	135,400,000円

(1)課税標準額の計算

売上高は税込ですので、課税標準額を計算します。課税標準額は消費税を除いた課税資産の譲渡等の対価の額のことです。

軽減税率8%適用分　203,878,000円×100/108=188,775,925円
標準税率10%適用分　135,400,000円×100/110=123,090,909円

課税標準額は1,000円未満切り捨てですので、それぞれ以下のようになります。

課税標準額：
軽減税率8%適用分　188,775,925円➜188,775,000円
標準税率10%適用分　123,090,909円➜123,090,000円

(2)消費税(国税)の計算

最初に国税分を計算するので、8%適用分は6.24%、10%適用分は7.8%をかけます。

軽減税率8%適用分　188,775,000円×6.24%=11,779,560円
標準税率10%適用分　123,090,000円×7.8%=9,601,020円
計　11,779,560円+9,601,020円=21,380,580円

国税庁「消費税及び地方消費税の申告書(一般用)の書き方 法人用 」より作成

割戻し計算では、課税期間中の課税仕入に係る支払対価の額を税率ごとに合計した金額に、7.8/110(軽減税率の対象となる場合は6.24/108)を掛けて、仕入税額を算出します。

割戻し計算による仕入税額の計算は以下のようになります。

(1)軽減税率分

軽減税率：軽減税率の税込課税仕入高の合計額×6.24/108①

(2)標準税率分

標準税率：標準税率の税込課税仕入高の合計額×7.8/110②

仕入税額：(①)+(②)

図5.3　仕入税額の割戻し計算

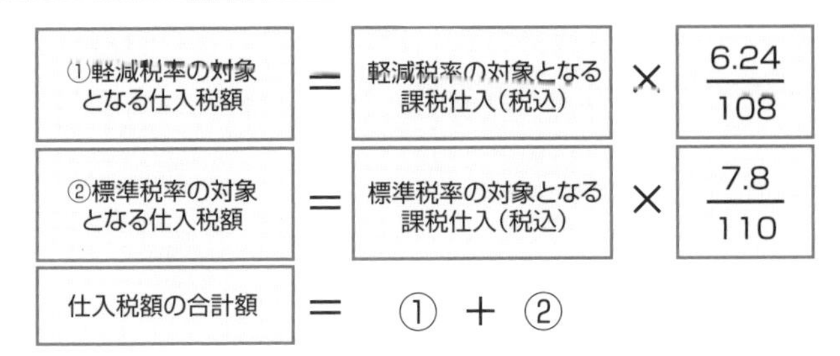

出典：国税庁「適格請求書等保存方式（インボイス制度）の手引き」

株式会社乙商店の当課税期間（令和3年（2021年）1月1日～令和3年（2021年）12月31日）の課税仕入高（税込）の状況は以下のとおりです。

割戻し計算を用いて、仕入税額を計算します。

	合計	うち軽減税率8%適用分	うち標準税率10%適用分
仕入高（税込）	201,208,000円	112,378,000円	88,830,000円

解答

(1)課税仕入高の合計額の計算

課税仕入高は税込で考えますので、最初の表の通りです。

軽減税率8%適用分　112,378,000円

標準税率10%適用分　88,830,000円

(4)課税仕入に係る消費税額の計算

最初に国税分を計算するので、8%適用分は6.24/108、10%適用分は7.8/110をかけます。

軽減税率8%適用分　112,378,000円×6.24/108=6,492,951円

標準税率10%適用分　88,830,000円×7.8/110=6,298,854円

計　6,492,951円+6,298,854円=12,791,805円

国税庁「消費税及び地方消費税の申告書（一般用）の書き方 法人用 」より作成

割戻し計算は、最初に標準税率の税込金額の１年分と軽減税率の税込金額の1年分を合計するのがポイントですね。

5-3

積上げ計算

- 消費税額の計算には、割戻し計算、積上げ計算の2つの計算方法があります。
- 積上げ計算は以下の手順で計算を行います。
- 【売上税額】
  ❶課税期間中に交付した適格請求書又は適格簡易請求書の写しに記載した消費税額等の合計額に78/100を掛けて、売上税額を算出します。
  ※積上げ計算を選択できるのは、適格請求書発行事業者だけです。
- 【仕入税額】
  ❶課税期間中に交付を受けた適格請求書などの請求書等に記載されている消費税額等のうち課税仕入に係る部分の金額の合計額に、78/100を掛けて仕入税額を算出します。
  ※売上税額を積上げ計算で計算する場合は、仕入税額も積上げ計算で計算しなければなりません。

割戻し計算は、税込金額を全て合計して、それを割戻して計算する方法だと理解できました。積上げ計算はどんなふうに計算するんですか。

受領した適格請求書、発行した適格請求書の消費税額を累計した合計額を用いて計算するんだ。もちろん適格請求書の消費税の計算が、端数処理も含めて、正しいものであるのが大前提だよ。

積上げ計算とは

その都度の売上または仕入ごとの消費税額を足して、消費税額を計算する方法です。

積上げ計算では、課税期間中に交付した適格請求書又は適格簡易請求書の写しに記載した消費税額等の合計額に、78/100を掛けて、売上税額を算出します。

積上げ計算による売上税額の計算は以下のようになります。

適格請求書等に記載した消費税額等の合計額×78/100

図5.4 売上税額の積上げ計算

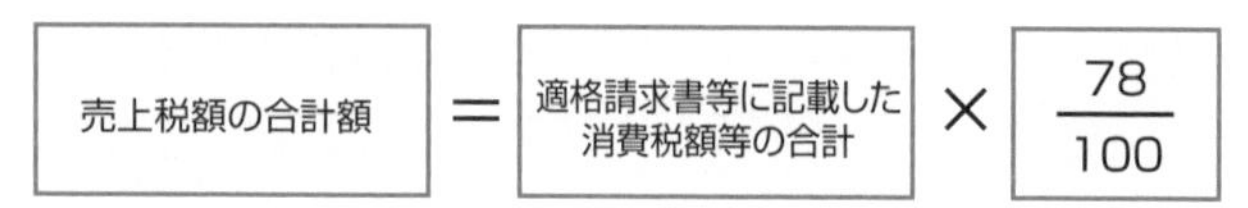

出典：国税庁「適格請求書等保存方式（インボイス制度）の手引き」

株式会社丙商店は、適格請求書発行事業者である。売上の都度適格請求書を発行し、保存している。当課税期間（令和6年（2024年）1月1日～令和6年（2024年）12月31日）に丙商店が適格請求書に記載した消費税額の合計は、2,698,000円であった。

積上げ計算を選択して、売上税額を計算します。

2,698,000円×78/100=2,104,440円

売上税額について、積上げ計算を行う場合は、次の4点に気をつける必要があります。

(1)積上げ計算を選択できるのは、適格請求書発行事業者だけ。
(2)売上税額を積上げ計算で計算する場合は、仕入税額も積上げ計算で計算しなければならない。
(3)適格簡易請求書の記載事項に「適用税率」だけを記載して交付する場合、税率ごとの消費税等の記載がないため、積上げ計算を行うことができない。
(4)売上税額の計算は、取引先ごとに割戻し計算と積上げ計算を分けて適用することもできる。しかしこの場合は、売上税額の計算につき積上げ計算を適用した場合に当たるとされるため、仕入税額の計算方法に割戻し計算を適用することはできない。

割戻し計算と積上げ計算の選択可能な組み合わせについては、5-5節で整理します。

積上げ計算では、課税期間中に交付を受けた適格請求書などの請求書等（提供を受けた電磁的記録を含みます）に記載されている消費税額等のうち、課税仕入に係る部分の金額の合計額に、78/100を掛けて仕入税額を算出します。

積上げ計算による仕入税額の計算は以下のようになります。

請求書等に記載された消費税額等のうち課税仕入に係る部分の金額の合計額×78/100

図5.5　仕入税額の積上げ計算

仕入税額の合計額 ＝ 請求書等に記載された消費税額等のうち課税仕入に係る部分の金額の合計額 × $\frac{78}{100}$

出典：国税庁「適格請求書等保存方式（インボイス制度）の手引き」

株式会社丙商店が当課税期間（令和6年（2024年）1月1日～令和6年（2024年）12月31日）に受領し、保存した適格請求書等に記載されている消費税額の合計は1,324,000円であった。

積上げ計算で仕入税額を計算します。

1,324,000円×78/100=1,032,720円

帳簿積上げ計算とは

仕入税額の積上げ計算については、上記の請求書等積上げ計算以外の方法として、帳簿積上げ計算を行うことも可能です。

帳簿積上げ計算とは、課税仕入の都度、課税仕入に係る支払対価の額に、10/110(軽減税率の対象となる場合は8/108)を乗じて算出した金額(1円未満の端数が生じたときは、端数を切捨て又は四捨五入します)を仮払消費税額等とし、帳簿に記載(計上)している場合、その金額の合計額に78/100を掛けて算出する方法です。

株式会社丁商店は、課税仕入に係る支払対価の額に10/110(軽減税率の対象となる場合は8/108)を乗じて算出した金額(1円未満の端数が生じたときは、端数を四捨五入します)を仮払消費税額等とし、帳簿に記載(計上)している。当課税期間(令和6年(2024年)1月1日～令和6年(2024年)12月31日)に丁商店が帳簿に計上した消費税額の合計は1,128,000円であった。

帳簿積上げ計算で仕入税額を計算します。

1,128,000円×78/100=879,840円

仕入税額の積上げ計算は、次の2点に気をつける必要があります。

(1)仕入税額を割戻し計算することができるのは、売上税額を割戻し計算している場合だけ。

(2)仕入税額の計算に当たり、請求書等積上げ計算と帳簿積上げ計算を併用することは認められる。しかし、これらの方法と割戻し計算を併用することはできない。

割戻し計算と積上げ計算の選択の組み合わせについては、5-5節で整理します。

消費税と地方消費税の話から頭が少しこんがらかってきました。

上記はあくまでも消費税の計算で地方消費税の計算はこの後の話だよ。割戻し計算は、税込金額からスタートするけれど、積上げ計算は税額の合計からスタートすることに注意しよう。

5-4

売上税額の計算は積上げ計算が有利

- 売上税額の計算は、以下の点に留意する必要があります。
- ❶売上税額の計算は、割戻し計算と積上げ計算どちらかの方法を選択、または併用することができる。
- ❷売上税額の計算は積上げ計算の方は売上税額が少なくなり、有利になる。

小田切さん、相談があります。選択肢があるなら、少しでも会社に有利な方法を選んでくれと、社長からいわれているんです。インボイス制度で有利な選択肢ってあるんですか？

売上税額の計算では、積上げ計算を選択した方が、売上税額が少なくなって、有利だね。ただ、売上税額と仕入税額の計算は組み合わせが決まっているものがあるから、合わせて検討する必要があるよ。

割戻し計算と積上げ計算

売上税額の計算には、割戻し計算と積上げ計算の2つの方法があり、適格請求書発行事業者はどちらかの方法を選択、または併用することができます。納税する立場からすると、どちらを選ぶのが有利でしょうか。

売上税額の計算は、積上げ計算の方が割戻し計算より有利になります。実際の計算例で、確認してみましょう。ここでは計算をわかりやすくするため、消費税と地方消費税を合わせて、一度で計算します。

A社は標準税率の適用される甲製品を税込単価1,000円で販売している。今期、課税期間に甲製品を500個売り上げた。

1個当たりの消費税等：1,000円(税込)×10/110＝90.9090円　→90円(1円未満の端数切捨て)
税込売上高　販売単価1,000円(税込)×500個=500,000円

(1)割戻し計算の消費税額
課税売上高：500,000円(税込売上高)×100/110=454,454.45円
→454,000円(千円未満の端数切捨て)
消費税額等：454,000円×10%=45,400円①

(2)積上げ計算の消費税
90円×500個=45,000円②

割戻し計算の売上消費税①-積上げ計算の売上消費税②
=45,400円-45,000円=400円
積上げ計算の方が割戻し計算より売上税額が400円少なくなる。

一般に、1件当たりの売上金額が小さく、件数の多い業種ほど、積上げ計算を選択すると納税すべき消費税額が少なくなる場合は多くなります。積上げ計算では、消費税額を計算するとき生じる1円未満の端数を計算することに切り捨てることができます。一方、割戻し計算では、全ての金額を合計して割り戻すため、積上げ計算であれば切り捨てられる端数が、税込金額合計に含まれるからです。

また、結果として、納税者にとって有利になるかどうかは仕入控除税額の計算結果にもよりますので、慎重な検討が必要です。

小田切さん、ありがとうございます。当社は、1件当たりの売上金額が小さく、件数も多いので、積上げ計算を選択することを社長に提案してみます。

5-5

適用可能な税額計算の組み合わせを押さえよう

売上税額と仕入税額の計算には適用可能な組み合わせがあります。以下の2つの組み合わせは適用不能ですので注意が必要です。

❶売上税額の計算に積上げ計算を採用し、仕入税額には割り戻し計算を選択する

❷売上税額の計算に割戻し計算と積上げ計算を併用し、仕入税額に割り戻し計算を選択する

仕入税額を割戻し計算することができるのは、売上税額を割戻し計算している場合だけという話を前に聞いたと思います。売上税額の計算と仕入税額の計算で選択できる組み合わせはどうなっているんでしょうか。

売上税額の計算と仕入税額の計算はそれぞれ選択できる計算方法があるからね。ここではそれぞれの計算方法について、選択できる組み合わせを整理しておこう。

適用可能な税額計算の組み合わせは？

この節では、売上税額の計算方法と仕入税額の計算方法のうち、選択可能な組み合わせについて整理します。

最初に計算方法を整理しましょう。

売上税額を計算する方法には、「①割戻し計算」「②積上げ計算」「③取引先ごとに割戻し計算と積上げ計算の併用」の3つがあります。

原則は「①割戻し計算」です。「②積上げ計算」「③取引先ごとに割戻し計算と積上げ計算の併用」は、適格請求書発行事業者だけが選択することができます。

売上税額の計算方法

①割戻し計算･･･税率ごとに区分して合計した1年間の税込総額から課税標準額を割戻し、税率を乗じて計算する方法

②積上げ計算･･･適格請求書等に記載した消費税額を合計する方法

③割戻し計算と積上げ計算の併用･･･取引先ごとに割戻し計算と積上げ計算を分けて適用する方法

仕入税額を計算する方法には、「①割戻し計算」「②積上げ計算」「③帳簿積上げ計算」の3つがあります。原則は「②積上げ計算」です。

仕入税額の計算方法

❶割戻し計算･･･税率ごとに区分して合計した1年間の税込総額を、それぞれの税率で割戻して計算する方法。

❷積上げ計算･･･適格請求書等に記載された消費税額を合計する方法

❸帳簿積上げ計算･･･課税仕入の都度、帳簿に記載した消費税額を合計する方法

売上税額と仕入税額の計算の組み合わせに関する制限は、以下のとおりです。

(1) 売上税額を「②積上げ計算」で計算する場合は、仕入税額も「積上げ計算❷❸」で計算しなければならない。

(2) 売上税額の計算に「③取引先ごとに割戻し計算と積上げ計算の併用」を選択した場合、仕入税額の計算方法に「❶割戻し計算」を適用することはできない。

上記を整理すると以下になります。

図5.6 計算方法の組み合わせ

売上に係る消費税額の計算方法		仕入に係る消費税額の計算方法
①割戻し計算 税率ごとに区分して合計した1年間の税込総額から課税標準額を割戻し、税率を乗じて計算する方法	○	❶割戻し計算 税率ごとに区分して合計した1年間の税込総額を、それぞれの税率で割戻して計算する方法
	○	❷積上げ計算 適格請求書等に記載された消費税額を合計する方法
	○	❸帳簿積上げ計算 課税仕入の都度、帳簿に記載した消費税額を合計する方法
②積上げ計算 適格請求書等に記載した消費税額を合計する方法	×	❶割戻し計算
	○	❷積上げ計算
	○	❸帳簿積上げ計算
③割戻し計算と積上げ計算の併用 取引先ごとに割戻し計算と積上げ計算を分けて適用する方法	×	❶割戻し計算
	○	❷積上げ計算
	○	❸帳簿積上げ計算

上記の表を見れば、わかりづらい売上税額と仕入税額の組み合わせも一目瞭然ですね。

第6章

登録申請の手続について

フリーランス等免税事業者の方は、適格請求書発行事業者になると、消費税を納付しなければならなくなります。

この章では、現在免税事業者の方が、適格請求書発行事業者に登録するにあたり、どのようなことを考慮に入れて決定しなければならないかについて、説明します。

また、「適格請求書発行事業者の登録申請書」の記載方法、新たに設立された法人等に対する特例についても、詳しく説明します。

6-1

適格請求書発行事業者の登録方法と提出期限

- ❶適格請求書発行事業者として登録するかどうかは、事業者が決めることができる
- ❷適格請求書等保存方式が開始される令和５年(2023年)10月１日から登録を受けるには、原則として、令和５年(2023年)３月31日までに登録申請書を提出しなければならない
- ❸免税事業者の場合、適格請求書発行事業者になると、課税事業者になる
- ❹適格請求書発行事業者として登録すると、事業者の情報が「国税庁適格請求書発行事業者公表サイト」において公表される

いよいよ当社でも、適格請求書発行事業者として、登録することになりました。登録に当たって、注意することはありますか？

制度の開始と同時に適格請求書を発行するには、登録を令和５年（2023年）3月31日までに行う必要があるんだ。

登録申請はいつまでに行う？

適格請求書等保存方式（インボイス制度）は、令和5年(2023年)10月1日から開始されます。インボイス制度が始まると、原則として受け取った領収書が適格請求書等でないと、仕入税額控除を受けられなくなります。

適格請求書は自由に発行できません。適格請求書発行事業者として、登録を受ける必要があります。

適格請求書等保存方式が開始される令和５年(2023年)10月１日から登録を受けるには、原則として、令和５年(2023年) ３月31日までに納税地を所轄する税務署長に登録申請書を提出しなければなりません。

また、困難な事情があり、令和５年(2023年) ３月31日までに登録申請書を提出できなかった場合は、例外として、令和５年(2023年) ９月30日までの間に登録申請書に事情を記載して提出し、適格請求書発行事業者の登録を受ければ、令和５年(2023年)10月１日に登録を受けたとみなさ

れます。

注）令和4年12月23日に閣議決定された「令和5年度与党税制改正大綱」では、適格請求書発行事業者登録申請の柔軟化などが予定されています。詳しくは8-3節を参照してください。

課税事業者の場合、適格請求書発行事業者の登録をすることで不利益を被ることはほとんどありません。登録が遅れて、適格請求書が発行できないと売上先が仕入額控除できなくなる期間が生じ、迷惑をかけることになります。自社が簡易課税を採用している場合であっても、早めに登録を行う方が安全です。

図6.1　登録申請・開始スケジュール

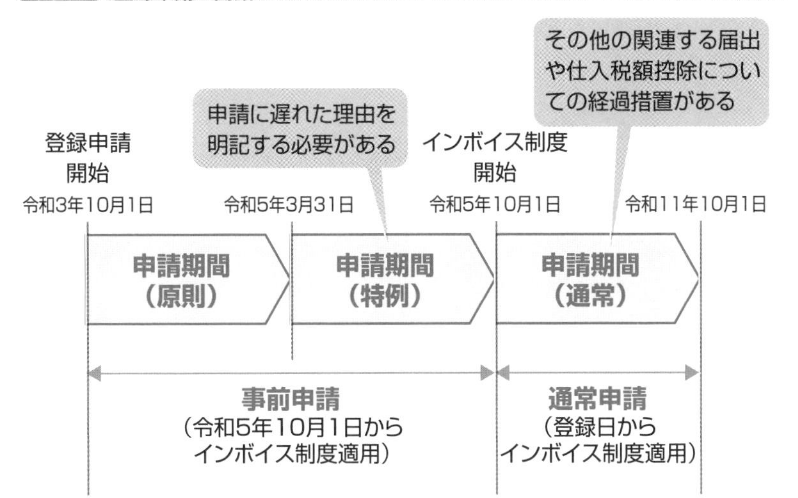

出典：国税庁「適格請求書等保存方式（インボイス制度）の手引き」より作成

適格請求書発行事業者として登録するかどうかは、事業者が決めることができます。しかし、売上先が本則課税の場合、こちらの発行する請求書が適格請求書でないと、仕入控除ができません。その結果、売上先の消費税の負担が増えてしまいますので、適格請求書発行事業者として、登録することを求められる可能性があります。

一方、免税事業者の場合、適格請求書発行事業者になることは、課税事業者になることです。消費税の申告納税が必要になり、経理事務の負担も増えます。また、いったん適格請求書発行事業者になると、登録の取消手続をしないと免税事業者に戻れません。これらを十分検討した上で、適格請求書発行事業者の登録を行うかどうかを決める必要があります。

注）令和4年12月23日に閣議決定された「令和5年度与党税制改正大綱」では、適格請求書発行事業者登録や課税事業者選択届出書の提出によって、免税事業者から課税事業者となった適格請求書発行事業者が納付する消費税を課税標準額に対する消費税の20%とする緩和措置が予定されています。詳しくは8-2節を参照してください。

また、適格請求書発行事業者として登録すると、事業者の情報（登録日など、適格請求書発行事業者登録簿に登録された事項）が「国税庁適格請求書発行事業者公表サイト」において公表されます。

公表される情報は以下のとおりです。

○法定の公表事項

① 適格請求書発行事業者の氏名又は名称
② 法人（人格のない社団等を除きます）については、本店又は主たる事務所の所在地
③ 特定国外事業者以外の国外事業者については、国内において行う資産の譲渡等に係る事務所、事業所その他これらに準ずるものの所在地
④ 登録番号
⑤ 登録年月日
⑥ 登録取消年月日、登録失効年月日

○本人の申出によって追加で公表される事項

① 個人事業者の「主たる屋号」、「主たる事務所の所在地等」
② 人格のない社団等の「本店又は主たる事務所の所在地」

個人事業者の氏名等について、以下の場合は、登録申請書と併せて、「適格請求書発行事業者の公表事項の公表（変更）申出書」を提出する必要があります。

(1)上記の申出によって、追加で公表を希望する事項のある場合
(2)「住民票に併記されている外国人の通称」または「住民票に併記されている旧氏（旧姓）」を氏名として公表することを希望する場合や、氏名と併記して公表することを希望する場合

図6.2 適格請求書発行事業者の公表事項の公表(変更)申出書

適格請求書発行事業者の公表事項の公表（変更）申出書

収受印

令和　年　月　日	申出者	（フリガナ）	
		納税地	（〒　－　） （電話番号　－　－　）
		（フリガナ）	
		氏名又は名称及び代表者氏名	
		法人番号	※ 個人の方は個人番号の記載は不要です。
＿＿＿＿ 税務署長殿		登録番号 T	

国税庁ホームページの公表事項について、下記の事項を追加（変更）し、公表することを希望します。

新たに公表する事項	新たに公表を希望する事項の□にレ印を付し記載してください。		
個人事業者	□主たる屋号（複数ある場合任意の一つ）	（フリガナ）	
	□主たる事務所の所在地等（複数ある場合任意の一箇所）	（フリガナ）	
	□通称 □旧姓（旧氏）氏名 （住民票に併記されている通称又は旧姓（旧氏）に限る）	いずれかの□にレ印を付し、通称又は旧姓（旧氏）を使用した氏名を記載してください。 □ 氏名に代えて公表 □ 氏名と併記して公表	（フリガナ）
人格のない社団等	□本店又は主たる事務所の所在地	（フリガナ）	

変更の内容	既に公表されている上記の事項について、公表内容の変更を希望する場合に記載してください。
変更年月日	令和　年　月　日
変更事項	（個人事業者）□屋号 □事務所の所在地等 □通称又は旧姓（旧氏）氏名 （人格のない社団等）□本店又は主たる事務所の所在地
変更前	（フリガナ）
変更後	（フリガナ）

※ 常用漢字等を使用して公表しますので、申出書に記載した文字と公表される文字とが異なる場合があります。

参考事項	
税理士署名	（電話番号　－　－　）

※税務署処理欄	整理番号		部門番号			
	申出年月日	年　月　日	入力処理	年　月　日	番号確認	

注意 1 記載要領等に留意の上、記載してください。
2 税務署処理欄は、記載しないでください。

インボイス制度

当社の登録が遅れて、売上先が仕入税額控除できないなんてことがあったら、一大事ですね。締め切りは、令和5年(2023年)3月31日と思って、早めに登録を済ませるようにします。

6-2

「適格請求書発行事業者の登録申請書」の記載方法は？

個人事業主が記載する必要がある情報：	法人が記載する必要がある情報：
❶個人番号	❶設立年月日
❷生年月日又は設立年月日	❷事業内容
❸事業内容	❸事業年度
	❹資本金

実際に、登録申請するには、どんなことに注意すればいいですか？

まずは記載事項から確認してみよう。

登録申請の記載内容は？

「適格請求書発行事業者の登録申請書」(国内事業者用)」の書式は次ページ以降に示す通りです。

用紙は2枚からなります。1枚目は住所、納税地、氏名等を記載し、申請書提出時点で消費税の課税事業者か免税事業者であるかをチェックします。

「適格請求書発行事業者の登録申請書」(国内事業者用)」の記載方法について、個人事業者の場合と法人の場合に分けて、説明します。

POINT

「適格請求書発行事業者の登録申請書」の記載方法は、個人事業者の場合と法人の場合で異なります。

図6.3 「適格請求書発行事業者の登録申請書」(国内事業者用)全2ページ

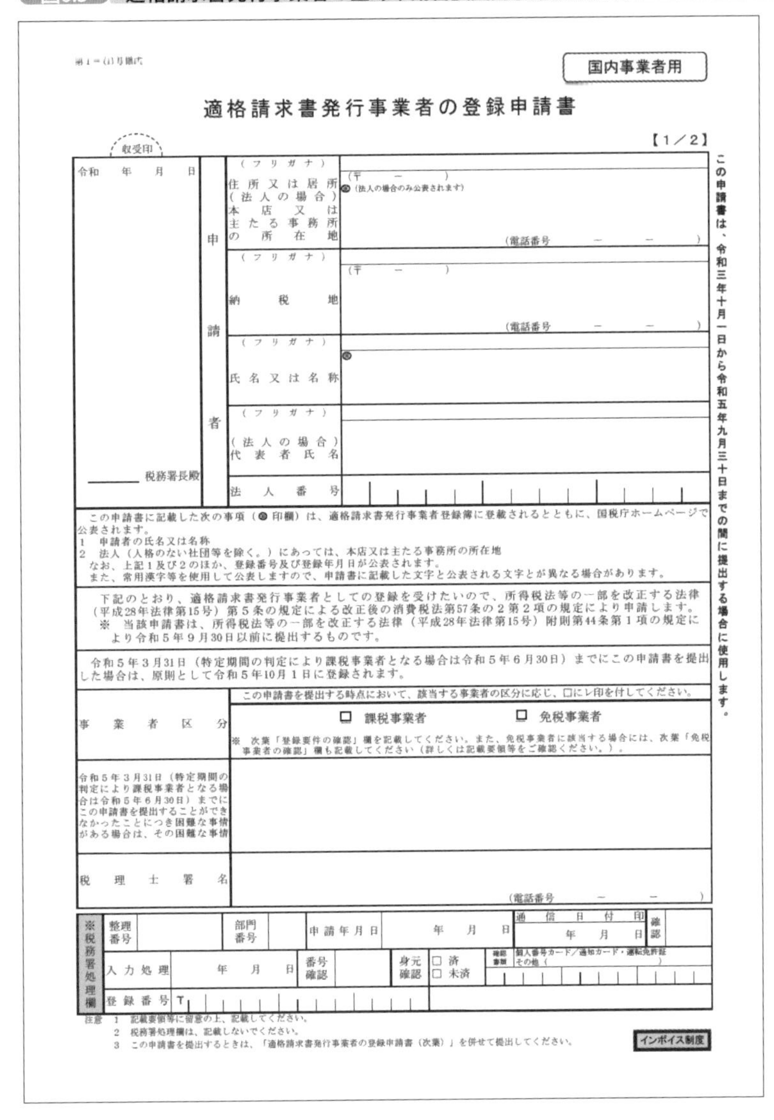

第1－(1)号様式

国内事業者用

適格請求書発行事業者の登録申請書

【1／2】

収受印

令和　年　月　日

申請者		
	(フリガナ)	
	住所又は居所 (法人の場合) 本店又は 主たる事務所 の所在地	(〒　－　) ◎(法人の場合のみ公表されます) (電話番号　－　－　)
	(フリガナ)	
	納税地	(〒　－　) (電話番号　－　－　)
	(フリガナ)	
	氏名又は名称	◎
	(フリガナ)	
	(法人の場合) 代表者氏名	
	法人番号	

＿＿＿＿税務署長殿

この申請書に記載した次の事項（◎印欄）は、適格請求書発行事業者登録簿に登載されるとともに、国税庁ホームページで公表されます。
1　申請者の氏名又は名称
2　法人（人格のない社団等を除く。）にあっては、本店又は主たる事務所の所在地
なお、上記1及び2のほか、登録番号及び登録年月日が公表されます。
また、常用漢字等を使用して公表しますので、申請書に記載した文字と公表される文字とが異なる場合があります。

下記のとおり、適格請求書発行事業者としての登録を受けたいので、所得税法等の一部を改正する法律（平成28年法律第15号）第5条の規定による改正後の消費税法第57条の2第2項の規定により申請します。
※　当該申請書は、所得税法等の一部を改正する法律（平成28年法律第15号）附則第44条第1項の規定により令和5年9月30日以前に提出するものです。

令和5年3月31日（特定期間の判定により課税事業者となる場合は令和5年6月30日）までにこの申請書を提出した場合は、原則として令和5年10月1日に登録されます。

	この申請書を提出する時点において、該当する事業者の区分に応じ、□にレ印を付してください。
事業者区分	□ 課税事業者　　□ 免税事業者 ※　次葉「登録要件の確認」欄を記載してください。また、免税事業者に該当する場合には、次葉「免税事業者の確認」欄も記載してください（詳しくは記載要領等をご確認ください。）。
令和5年3月31日（特定期間の判定により課税事業者となる場合は令和5年6月30日）までにこの申請書を提出することができなかったことにつき困難な事情がある場合は、その困難な事情	
税理士署名	(電話番号　－　－　)

※税務署処理欄							
整理番号		部門番号		申請年月日	年　月　日	通信日付印 年　月　日	確認
入力処理	年　月　日	番号確認		身元確認	□ 済 □ 未済	確認書類 個人番号カード／通知カード・運転免許証 その他（　）	
登録番号	T						

注意　1　記載要領等に留意の上、記載してください。
2　税務署処理欄は、記載しないでください。
3　この申請書を提出するときは、「適格請求書発行事業者の登録申請書（次葉）」を併せて提出してください。

インボイス制度

この申請書は、令和三年十月一日から令和五年九月三十日までの間に提出する場合に使用します。

第1－(1)号様式次葉

国内事業者用

適格請求書発行事業者の登録申請書（次葉）

【2／2】

氏名又は名称	

免税事業者の確認

該当する事業者の区分に応じ、□にレ印を付し記載してください。

□　令和５年10月１日から令和11年９月30日までの日の属する課税期間中に登録を受け、所得税法等の一部を改正する法律（平成28年法律第15号）附則第44条第４項の規定の適用を受けようとする事業者
※　登録開始日から納税義務の免除の規定の適用を受けないこととなります。

個人番号				
事業内容等	生年月日（個人）又は設立年月日（法人）	○明治 ○大正 ○昭和 ○平成 ○令和　年　月　日	法人のみ記載　事業年度	自　月　日 至　月　日
			資本金	円
	事業内容		登録希望日	（令和５年10月１日を希望する場合、記載不要）令和　年　月　日

□　消費税課税事業者（選択）届出書を提出し、納税義務の免除の規定の適用を受けないこととなる課税期間の初日から登録を受けようとする事業者

課税期間の初日
※　令和５年10月１日から令和６年３月31日までの間のいずれかの日
令和　年　月　日

登録要件の確認

課税事業者です。 ※　この申請書を提出する時点において、免税事業者であっても、「免税事業者の確認」欄のいずれかの事業者に該当する場合は、「はい」を選択してください。	□ はい □ いいえ
納税管理人を定める必要のない事業者です。 （「いいえ」の場合は、次の質問にも答えてください。）	□ はい □ いいえ
納税管理人を定めなければならない場合（国税通則法第117条第１項） 【個人事業者】　国内に住所及び居所（事務所及び事業所を除く。）を有せず、又は有しないこととなる場合 【法人】　国内に本店又は主たる事務所を有しない法人で、国内にその事務所及び事業所を有せず、又は有しないこととなる場合	
納税管理人の届出をしています。 「はい」の場合は、消費税納税管理人届出書の提出日を記載してください。 消費税納税管理人届出書　（提出日：令和　年　月　日）	□ はい □ いいえ
消費税法に違反して罰金以上の刑に処せられたことはありません。 （「いいえ」の場合は、次の質問にも答えてください。）	□ はい □ いいえ
その執行を終わり、又は執行を受けることがなくなった日から２年を経過しています。	□ はい □ いいえ

参考事項

この申請書は、令和三年十月一日から令和五年九月三十日までの間に提出する場合に使用します。

個人事業者の記載方法

図6-4 個人1枚目の記載ポイント

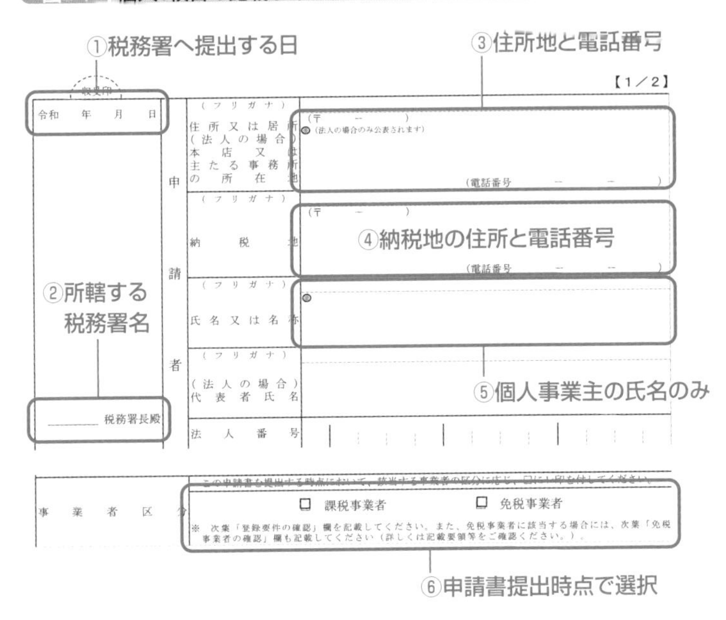

① 税務署へ提出する日を記載します。

② 所轄する税務署名を記載します。

③ 住所地と電話番号を記載します。

④ 納税地の住所と電話番号を記載します。通常は「同上」と記載します。

⑤ 個人事業主の氏名のみ記載します。姓と名の間は必ず1文字空けます。また、商店名などの屋号を書かないように注意してください。屋号の公開を希望する場合は、この申請書とは別に、「適格請求書発行事業者の公表事項の公表（変更）申出書」（149ページ参照）を提出する必要があります。

⑥ 事業者区分には、申請書提出時点で消費税の課税事業者であれば、課税事業者に☑を、免税事業者であれば、免税事業者に☑をつけます。

続いて2枚目です。記載の難しい点があるので注意してください。

図6.5 個人2枚目の記載ポイント

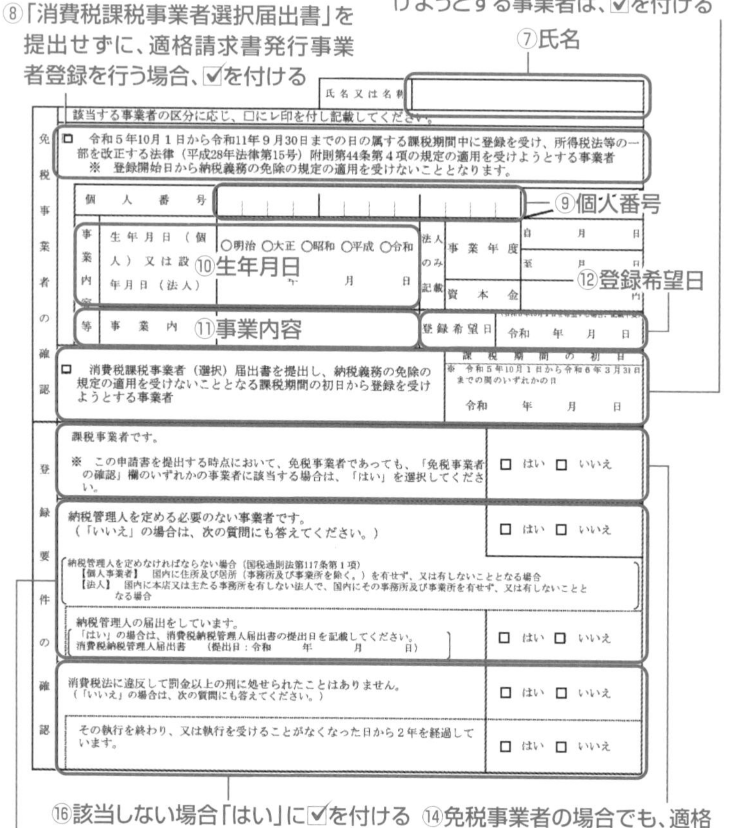

氏名又は名称

免税事業者の確認

該当する事業者の区分に応じ、□にレ印を付し記載してください。

□ 令和5年10月1日から令和11年9月30日までの日の属する課税期間中に登録を受け、所得税法等の一部を改正する法律（平成28年法律第15号）附則第44条第4項の規定の適用を受けようとする事業者
※ 登録開始日から納税義務の免除の規定の適用を受けないこととなります。

個人番号			
事業内容等 生年月日（個人）又は設立年月日（法人）	○明治 ○大正 ○昭和 ○平成 ○令和 年 月 日	法人のみ記載 事業年度	自 月 日 至 月 日
		資本金	円
事業内容		登録希望日	令和 年 月 日

□ 消費税課税事業者（選択）届出書を提出し、納税義務の免除の規定の適用を受けないこととなる課税期間の初日から登録を受けようとする事業者

課税期間の初日
※ 令和5年10月1日から令和6年3月31日までの間のいずれかの日
令和 年 月 日

登録要件の確認

課税事業者です。 ※ この申請書を提出する時点において、免税事業者であっても、「免税事業者の確認」欄のいずれかの事業者に該当する場合は、「はい」を選択してください。	□ はい □ いいえ
納税管理人を定める必要のない事業者です。 （「いいえ」の場合は、次の質問にも答えてください。）	□ はい □ いいえ
納税管理人を定めなければならない場合（国税通則法第117条第1項） 【個人事業者】 国内に住所及び居所（事務所及び事業所を除く。）を有せず、又は有しないこととなる場合 【法人】 国内に本店又は主たる事務所を有しない法人で、国内にその事務所及び事業所を有せず、又は有しないこととなる場合	
納税管理人の届出をしています。 「はい」の場合は、消費税納税管理人届出書の提出日を記載してください。 消費税納税管理人届出書 （提出日：令和 年 月 日）	□ はい □ いいえ
消費税法に違反して罰金以上の刑に処せられたことはありません。 （「いいえ」の場合は、次の質問にも答えてください。）	□ はい □ いいえ
その執行を終わり、又は執行を受けることがなくなった日から2年を経過しています。	□ はい □ いいえ

⑦ 氏名を記載します。

⑧～⑬は、1枚目⑥事業者区分で「免税事業者」に☑した場合、記載する必要があります。

⑧ 免税事業者が消費税の課税事業者になるには、「消費税課税事業者選択届出書」を提出しなければなりませんが、経過措置として令和5年10月1日から令和11年9月30日までの日の属する課税期間中に適格請求書発行事業者の登録を受けると、消費税課税事業者選択届出書を提出しなくても、課税事業者の登録を受けたことになります(6-4

節を参照してください)。

「消費税課税事業者選択届出書」を提出せずに、適格請求書発行事業者登録を行う場合は、☑を付けます。

⑧か⑬のどちらかを必ず選択することになります。

⑨ 個人番号を記載します。

⑩ 事業者の生年月日を記載します。

⑪ 事業内容を記載します。

⑫ 登録希望日を記載します。令和５年(2023年)10月１日を希望する場合は、記載不要です。

⑬「適格請求書発行事業者の登録申請書」を提出する事前または、同時に「消費税課税事業者(選択)届出書」を提出し、課税期間の初日から登録を受けようとする事業者は、☑を付けます。

「消費税課税事業者(選択)届出書」の「適用開始課税期間(自)」欄に記載した年月日を「課税期間の初日」欄に記載します。課税期間の初日は令和５年10月１日から令和６年３月31日の場合に限ります。

⑧か⑬のどちらかを必ず選択することになります。

⑭ 課税事業者かどうかの確認です。適格請求書発行事業者の登録を受ける場合は、必ず「はい」に☑を付けます(申請書提出時点では免税事業者でも、2ページ目上部の⑧または⑬に☑がついていれば「はい」に☑を付けることになります)。

⑮ 納税管理者を定める必要のない場合は「はい」に☑します。「いいえ」の場合は、下欄の納税管理人の届出について、記載します。納税管理者を定める必要があり、届出をしていない場合は、申請を拒否されることがあります。

※個人事業者が、納税管理者を定める必要があるのは、国内に住所及び居所(事務所及び事業所を除く)を有せず、又は有しないこととなる場合で、国税に関する事項の処理の必要がある場合です。

⑯ 消費税法に違反して罰金以上の刑に処せられたことがなければ、「はい」に☑します。「いいえ」の場合は、下欄の執行状況について、記載します。刑の執行が終わるか、又は執行を受けることがなくなった日から２年を経過していない場合は、申請を拒否されることがあります。

個人事業者が、適格請求書発行事業者として登録された場合は、「氏名」及び「登録番号」等が公表されます(6-1節を参照してください)。

法人の記載方法

図6.6 法人1枚目の記載ポイント

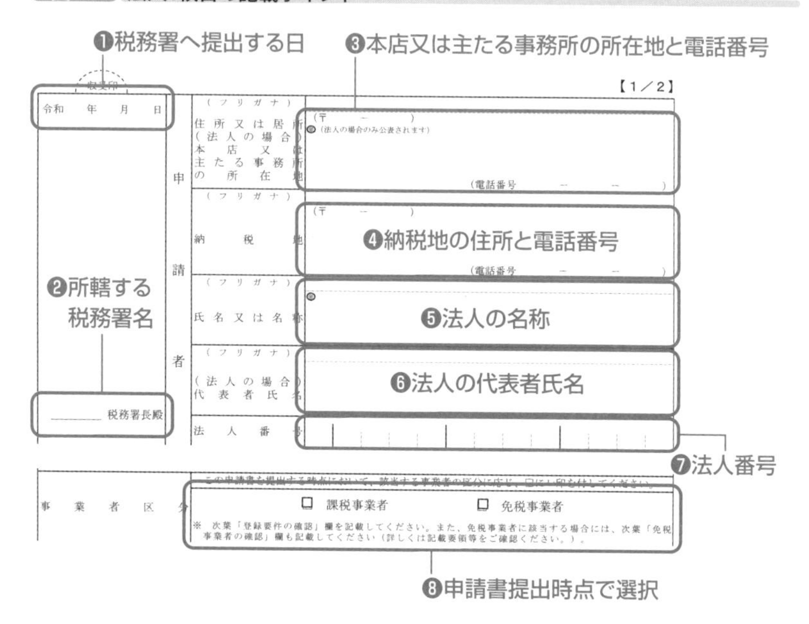

❶ 税務署へ提出する日を記載します。

❷ 所轄する税務署名を記載します。

❸ 登記されている本店又は主たる事務所の所在地と電話番号を記載します。

❹ 納税地の住所と電話番号を記載します。通常は「同上」と記載します。

❺ 登記されている法人の名称を記載します。

❻ 法人の代表者氏名を記載します。

❼ 法人番号を記載します。法人番号が指定されている場合は、必ず記載する必要があります。

❽ 事業者区分には、申請書提出時点で消費税の課税事業者であれば、課税事業者に☑を、免税事業者であれば、免税事業者に☑をつけます。

続いて2枚目です。記載の難しい点があるので注意してください。

図6.7 法人2枚目の記載ポイント

⑮「消費税課税事業者(選択)届出書」を提出し、課税期間の初日から登録を受けようとする事業者は、☑を付ける

⑩「消費税課税事業者選択届出書」を提出せずに、適格請求書発行事業者登録を行う場合、☑を付ける

⑨氏名

氏名又は名称

該当する事業者の区分に応じ、□にレ印を付し記載してください。

免税事業者の確認

□ 令和5年10月1日から令和11年9月30日までの日の属する課税期間中に登録を受け、所得税法等の一部を改正する法律（平成28年法律第15号）附則第44条第4項の規定の適用を受けようとする事業者
※ 登録開始日から納税義務の免除の規定の適用を受けないこととなります。

個人番号

事業内容等

生年月日（個人）又は設立年月日（法人） ○明治 ○大正 ○昭和 ○平成 ○令和 年 月 日

⑪設立年月日

法人のみ記載 事業年度 自 月 日 至 月 日

資本金 円

⑬事業年度と資本金

事業内容

⑫事業内容

登録希望日 令和 年 月 日

⑭登録希望日

□ 消費税課税事業者（選択）届出書を提出し、納税義務の免除の規定の適用を受けないこととなる課税期間の初日から登録を受けようとする事業者

課税期間の初日
※ 令和5年10月1日から令和6年3月31日までの間のいずれかの日
令和 年 月 日

登録要件の確認

課税事業者です。
※ この申請書を提出する時点において、免税事業者であっても、「免税事業者の確認」欄のいずれかの事業者に該当する場合は、「はい」を選択してください。 □ はい □ いいえ

納税管理人を定める必要のない事業者です。
（「いいえ」の場合は、次の質問にも答えてください。） □ はい □ いいえ

（納税管理人を定めなければならない場合（国税通則法第117条第1項）
【個人事業者】 国内に住所及び居所（事務所及び事業所を除く。）を有せず、又は有しないこととなる場合
【法人】 国内に本店又は主たる事務所を有しない法人で、国内にその事務所及び事業所を有せず、又は有しないこととなる場合）

納税管理人の届出をしています。
「はい」の場合は、消費税納税管理人届出書の提出日を記載してください。
消費税納税管理人届出書 （提出日：令和 年 月 日） □ はい □ いいえ

消費税法に違反して罰金以上の刑に処せられたことはありません。
（「いいえ」の場合は、次の質問にも答えてください。） □ はい □ いいえ

その執行を終わり、又は執行を受けることがなくなった日から2年を経過しています。 □ はい □ いいえ

⑱該当しない場合「はい」に☑を付ける

⑯免税事業者の場合でも、適格請求書発行事業者の登録を受ける場合、「はい」に☑を付ける

⑰定める必要がない場合「はい」に☑を付ける

❾ 法人の名称を記載します。

❿～⓯は、1枚目❽事業者区分で「免税事業者」に☑した場合、記載する必要があります。

❿ 免税事業者が消費税の課税事業者になるには、「消費税課税事業者選択届出書」を提出しなければなりませんが、経過措置として令和5

年10月１日から令和11年９月30日までの日の属する課税期間中に適格請求書発行事業者の登録を受けると、消費税課税事業者選択届出書を提出しなくても、課税事業者の登録を受けたことになります(6-4節を参照してください)。

「消費税課税事業者選択届出書」を提出せずに、適格請求書発行事業者登録を行う場合は、☑を付けます。

❿か⓯のどちらかを必ず選択することになります。

⓫ 設立年月日を記載します。

⓬ 事業内容を記載します。

⓭ 事業年度と資本金を記載します。

⓮ 登録希望日を記載します。令和５年(2023年)10月１日を希望する場合は、記載不要です。

⓯「適格請求書発行事業者の登録申請書」を提出する事前または、同時に「消費税課税事業者(選択)届出書」を提出し、課税期間の初日から登録を受けようとする事業者は、☑を付けます。

「消費税課税事業者(選択)届出書」の「適用開始課税期間(自)」欄に記載した年月日を「課税期間の初日」欄に記載します。課税期間の初日は令和５年10月１日から令和６年３月31日の場合に限ります。

❿か⓯のどちらかを必ず選択することになります。

⓰ 課税事業者かどうかの確認です。適格請求書発行事業者の登録を受ける場合は、必ず「はい」に☑を付けます(申請書提出時点では免税事業者でも、2ページ目上部の❿または⓯に☑がついていれば「はい」に☑を付けることになります)。

⓱ 納税管理者を定める必要のない場合、「はい」に☑します。「いいえ」の場合は、下欄の納税管理人の届出について、記載します。納税管理者を定める必要があり、届出をしていない場合は、申請を拒否されることがあります。

※法人が、納税管理者を定める必要のある場合は、国内に本店又は主たる事務所を有しない法人で、国内にその事務所及び事業所を有せず、又は有しないこととなる場合で、国税に関する事項の処理の必要がある場合です。

⑱ 消費税法に違反して罰金以上の刑に処せられたことがなければ、「はい」に☑します。「いいえ」の場合は、下欄の執行状況について、記載します。刑の執行を終わり、又は執行を受けることがなくなった日から2年を経過していない場合は、申請を拒否されることがあります。

法人が、適格請求書発行事業者として登録された場合は、「名称」、「本店又は主たる事務所の所在地」（人格のない社団等を除く）及び「登録番号」等が公表されます（6-1節を参照してください）。

適格請求書発行事業者として登録できない場合

「適格請求書発行事業者の登録申請書」の記載事項でも触れましたが、下記に該当する場合は、登録を拒否されることがあります。

登録拒否要件に該当する場合（特定国外事業者※以外の事業者の場合）

- 納税管理人を定めなければならない事業者が、納税管理人の届出をしていないこと
- 消費税法の規定に違反して罰金以上の刑に処せられ、その執行が終わり、又は執行を受けることがなくなった日から2年を経過しない者であること

※特定国外事業者とは、国内において行う資産の譲渡等に係る事務所、事業所その他これらに準ずるものを国内に有しない国外事業者をいいます。

登録申請書の書き方がよくわかりました。早速、「適格請求書発行事業者の登録申請書」を記入して、承認をもらうようにします。

登録申請は国税庁が運営するオンラインサービスe-Taxでもできるから、e-Taxを使っての登録申請も検討してみるといいかもしれないよ（10ページを参照してください）。

6-3

フリーランスなどの免税事業者はどんな注意をすればいいのか

フリーランスなどの免税事業者は、適格請求書発行事業者の登録について、以下の点を考慮する必要があります。

❶免税事業者は適格請求書発行事業者となると、消費税を納付しなければならなくなる

❷主要顧客が適格請求書を必要とするかを含めて、慎重に検討する必要がある

当社、フリーランスの方からの仕入もあるんです。仕入税額控除したいので、適格請求書発行事業者になってほしいと思ってるんですが、適格請求書発行事業者となると、今まで免税事業者であっても消費税を納付することになるんですね。

これまでの免税事業者にとって、今回のインボイス制度は試練といえるかもしれないね。フリーランスの方がどんなふうに対応すればよいのか、この機会に整理してみよう。

フリーランスの免税事業者は適格請求書発行事業者として、登録すべきか？

免税事業者は、課税期間の基準期間における課税売上高が1,000万円以下の法人や個人事業主が対象で、消費税の納税義務が免除されている事業者です。免税事業者であっても、売上に消費税を乗せることは認められていて、消費者から預かった消費税は自分の利益にしていいことになっています。このように、消費者が事業者に支払った消費税の一部が、納税されずに事業者の利益となってしまうことを「益税」といいます。免税事業者についての詳しい説明は7-3節を参照してください。

インボイス制度が開始すると、原則としてインボイス制度の登録申請

を行った業者の発行する適格請求書でなければ、仕入税額控除ができなくなります。ところが、インボイス制度の登録を行った事業者は、消費税の申告を行なわなければならなくなります。

このため、フリーランス等の免税事業者は、「(1)インボイス制度の登録申請を行い消費税の納税者となる」か、「(2)インボイス制度の登録申請を行わず、これまで通り免税事業者のままで、区分記載請求書の発行を続ける」、のどちらかを選択しなければならなくなりました。

(1)を選択すると、免税事業者はこれまで自分の利益としていた益税を消費税として国に納めることになります。一方(2)を選択すると、免税事業者の得意先は免税事業者との取引で仕入税額控除できなくなるため、取引を停止される可能性が出てきます。

上記を整理すると、以下の図になります。

図6.8　免税事業者の直面する問題

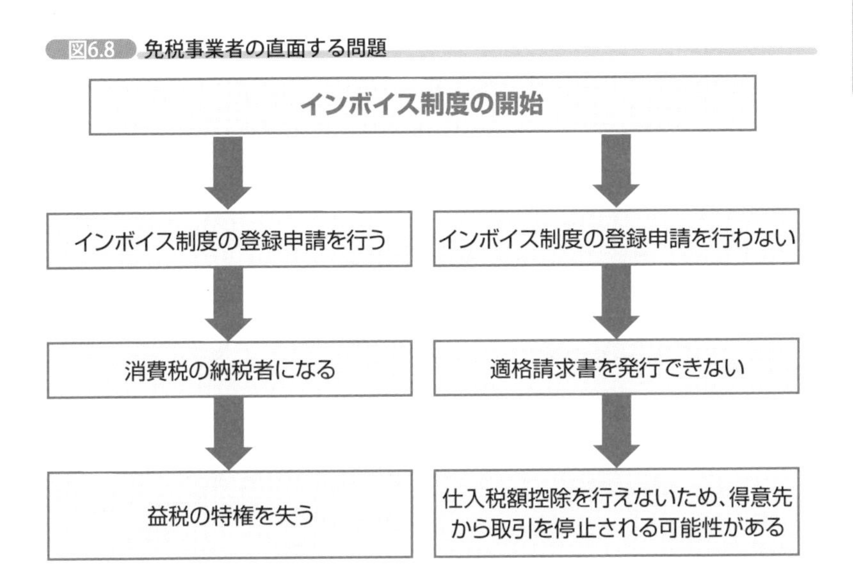

フリーランス等の免税事業者が、インボイス制度の開始にどう対応するかは一義的に決められない問題です。現在の顧客の多くが課税事業者であり、「①本則課税の適用を受けている場合」「②簡易課税を選択している場合」、「③免税事業者である場合」に分けて、検討してみましょう。

①顧客の多くが課税事業者であり、本則課税の適用を受けている場合

顧客が本則課税の適用を受けている場合、顧客は適格請求書を受領できなければ、仕入税額控除を行うことができません。免税事業者等からの課税仕入に経過措置(4-5節参照)があることを前提にしても、適格請求書発行事業者となることが長期的には必要であると考えられます。

②顧客の多くが課税事業者であり、簡易課税を選択している場合

顧客が簡易課税を選択している場合、顧客の仕入税額控除金額は「売上時に預かった消費税額×みなし仕入率」で計算され、適格請求書の受領は問題になりません(簡易課税については7-3節で後述します)。したがって、免税事業者のままでいても、大きな問題はないと考えられます。

③顧客の多くが免税事業者である場合

顧客が免税事業者である場合、顧客はそもそも消費税の申告を行わないので、適格請求書を受領する必要はありません。したがって、免税事業者のままでいても、大きな問題はないと考えられます。

図6.9 フリーランス等免税業者の対応例

①顧客の多くが課税事業者であり、本則課税の適用を受けている		顧客が仕入税額控除を行うことができないため、適格請求書発行事業者となることが長期的には必要
②顧客の多くが課税事業者であり、簡易課税を選択している		顧客が適格請求書を受領する必要はないため、免税事業者のままでいても、大きな問題はない
③顧客の多くが免税事業者である		顧客が適格請求書を受領する必要はないため、免税事業者のままでいても、大きな問題はない

フリーランスの方は、自分の顧客の消費税計算方法に応じて、対応を決めればいいんですね。

6-4

フリーランス等免税事業者の登録に関する経過措置

- フリーランス等免税事業者が適格請求書発行事業者の登録を行う場合、いくつかの経過措置が設けられています。
  - ❶消費税課税事業者選択届出書を提出しなくても、登録日から課税事業者になる
  - ❷令和5年(2023年)12月31日までに届出書を提出すれば、簡易課税制度を選択できる

免税事業者の方が適格請求書発行事業者の登録をすると、免税事業者が課税事業者になると教わりました。消費税課税事業者選択届出書は別途必要なんですか？

通常、課税事業者になるには、消費税課税事業者選択届出書を提出しなければならなかったね。
適格請求書発行事業者の登録を行う場合は、消費税課税事業者選択届出書を提出しなくても、課税事業者になるんだ。この他にもいくつか、経過措置が設けられているよ。

課税事業者登録の経過措置

免税事業者が消費税の課税事業者になるには、原則として、消費税課税事業者選択届出書を提出しなければなりません。令和５年(2023年)10月１日から令和11年(2029年) ９月30日までの日の属する課税期間中に適格請求書発行事業者の登録を受けると、消費税課税事業者選択届出書を提出しなくても、課税事業者の登録を受けたことになります。

また、免税事業者が課税期間の途中で登録を受けた場合には、登録日から課税事業者となる経過措置が設けられています。

免税事業者である個人事業者が令和５年(2023年)10月１日に登録を受けるため、令和５年(2023年) ３月31日までに登録申請書を提出し、令和５年(2023年)10月１日に登録を受けた場合

図6.10 申請日と消費税の納税義務

令和4年分	令和5年分		令和6年分
	登録日 （令和5年10月1日）		
免税事業者	免税事業者	適格請求書 発行事業者 （課税事業者）	適格請求書 発行事業者 （課税事業者）

登録申請書提出
（令和5年3月31日まで）
※消費税課税事業者選択届出書の提出は不要

課税期間の中途である登録日から課税事業者となり、令和5年10月1日以後の課税資産の譲渡及び特定課税仕入について、消費税の納税義務が生じる

出典：国税庁「適格請求書等保存方式（インボイス制度）の手引き」

消費税課税事業者選択届出書を提出しなくても、課税事業者になることはわかりました。それでは、逆に課税売上高が 1,000 万円以下になった場合は免税事業者に戻れるんですか。

残念ながら、適格請求書発行事業者の登録をしている間は免税事業者にならないんだ。さらに、免税事業者に戻るには２年の縛りがあることにも注意しなければならないよ。

現行の消費税法では、課税期間の基準期間の課税売上高が1,000万円以下の事業者は、原則として、消費税の納税義務が免除され、免税事業者となります。

ところが、適格請求書発行制度開始後、適格請求書発行事業者は、その基準期間の課税売上高が1,000万円以下となっても、適格請求書発行事業者として登録していれば、免税事業者となりません。

登録日による2年縛り

適格請求書発行事業者の登録をして、課税業者になると消費税を納税することになります。しかし、適格請求書を必要としない得意先が多く、免税事業者に戻りたいということもあり得ます。

この場合、「適格請求書発行事業者の登録の取消を求める旨の届出書」を提出すれば、適格請求書発行事業者の登録を取消し、免税事業者に戻ることになります。

このとき、注意しなければならない点があります。「適格請求書発行事業者の登録に関する経過措置」の適用を受けて、適格請求書発行事業者の登録申請した場合(登録日が令和5年(2023年)10月1日の属する課税期間中の場合は除きます)は、登録を受けた日から2年後の日付が属する課税期間の末日までは、免税事業者に戻ることができません。

フリーランス等免税事業者は、この点も含めて、適格請求書発行事業者の登録を慎重に行う必要があります。

注)令和4年12月23日に閣議決定された「令和5年度与党税制改正大綱」では、適格請求書発行事業者登録や課税事業者選択届出書の提出によって、免税事業者から課税事業者となった適格請求書発行事業者が納付する消費税を課税標準額に対する消費税の20%とする緩和措置、適格請求書発行事業者登録申請の柔軟化などが予定されています。詳しくは8-2節、8-3節を参照してください。

POINT

適格請求書発行制度開始後、基準期間の売上高が1,000万円以下になっても、適格請求書発行事業者として登録していれば、免税事業者になりません。

図6.11 適格請求書発行事業者の登録の取消しを求める旨の届出書

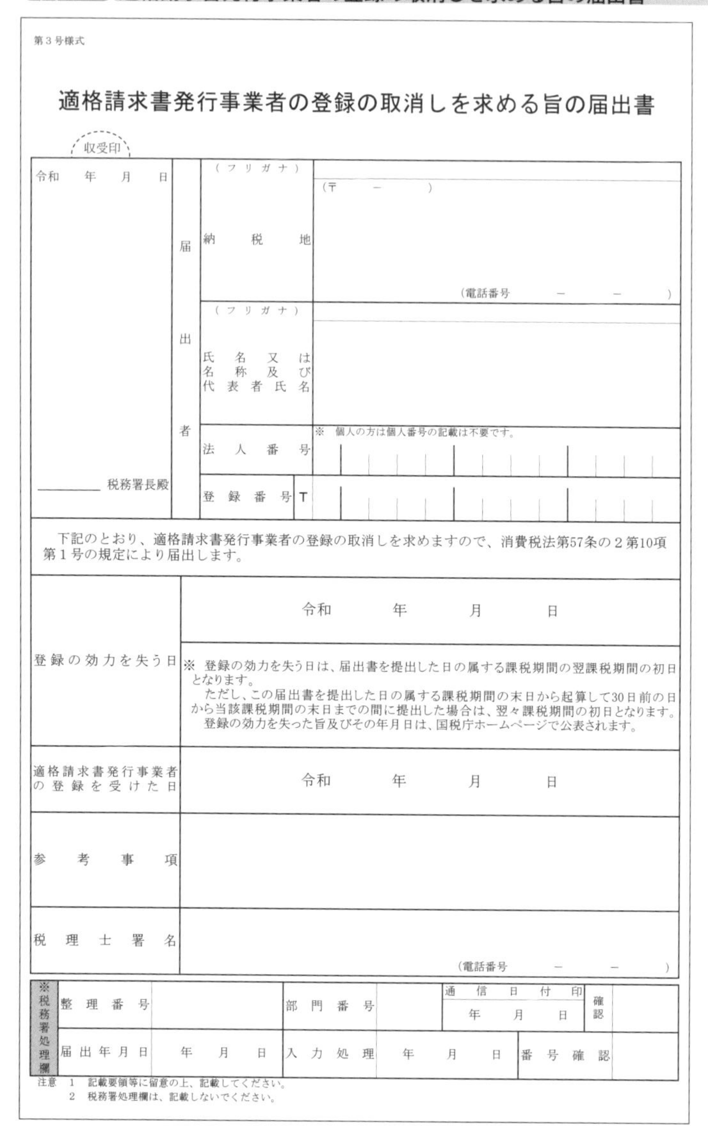

第３号様式

適格請求書発行事業者の登録の取消しを求める旨の届出書

収受印

令和　年　月　日 ＿＿＿＿＿ 税務署長殿	届出者	（フリガナ） 納税地	（〒　－　） （電話番号　－　－　）
		（フリガナ） 氏名又は名称及び代表者氏名	
		法人番号	※ 個人の方は個人番号の記載は不要です。
		登録番号	T

下記のとおり、適格請求書発行事業者の登録の取消しを求めますので、消費税法第57条の２第10項第１号の規定により届出します。

登録の効力を失う日	令和　年　月　日
	※ 登録の効力を失う日は、届出書を提出した日の属する課税期間の翌課税期間の初日となります。 ただし、この届出書を提出した日の属する課税期間の末日から起算して30日前の日から当該課税期間の末日までの間に提出した場合は、翌々課税期間の初日となります。 登録の効力を失った旨及びその年月日は、国税庁ホームページで公表されます。
適格請求書発行事業者の登録を受けた日	令和　年　月　日
参考事項	
税理士署名	（電話番号　－　－　）

※税務署処理欄	整理番号		部門番号		通信日付印 年　月　日	確認	
	届出年月日	年　月　日	入力処理	年　月　日	番号確認		

注意　1　記載要領等に留意の上、記載してください。
　　　2　税務署処理欄は、記載しないでください。

簡易課税制度を選択する場合の特例

簡易課税制度を選択する場合、適用を受けようとする課税期間の初日の前日までに「消費税簡易課税制度選択届出書」を提出する必要があります。

図6.12　消費税簡易課税制度選択届出書

第９号様式

消費税簡易課税制度選択届出書

収受印

令和　年　月　日	届出者	（フリガナ）	
		納税地	（〒　－　） （電話番号　－　－　）
		（フリガナ）	
		氏名又は 名称及び 代表者氏名	
税務署長殿		法人番号	※個人の方は個人番号の記載は不要です。

下記のとおり、消費税法第37条第１項に規定する簡易課税制度の適用を受けたいので、届出します。

（□　消費税法施行令等の一部を改正する政令（平成30年政令第135号）附則第18条の規定により消費税法第37条第１項に規定する簡易課税制度の適用を受けたいので、届出します。）

①	適用開始課税期間	自　令和　年　月　日　　至　令和　年　月　日
②	①の基準期間	自　令和　年　月　日　　至　令和　年　月　日
③	②の課税売上高	円
事業内容等		（事業の内容）　　（事業区分）第　種事業

提出要件の確認

次のイ、ロ又はハの場合に該当する（「はい」の場合のみ、イ、ロ又はハの項目を記載してください。）　はい □　いいえ □

イ	消費税法第９条第４項の規定により課税事業者を選択している場合		課税事業者となった日	令和　年　月　日
			課税事業者となった日から２年を経過する日までの間に開始した各課税期間中に調整対象固定資産の課税仕入れ等を行っていない	はい □
ロ	消費税法第12条の２第１項に規定する「新設法人」又は同法第12条の３第１項に規定する「特定新規設立法人」に該当する（該当していた）場合		設立年月日	令和　年　月　日
			基準期間がない事業年度に含まれる各課税期間中に調整対象固定資産の課税仕入れ等を行っていない	はい □
ハ	消費税法第12条の４第１項に規定する「高額特定資産の仕入れ等」を行っている場合（同条第２項の規定の適用を受ける場合） （仕入れ等を行った資産が高額特定資産に該当する場合はAの欄を、自己建設高額特定資産に該当する場合は、Bの欄をそれぞれ記載してください。）	A	仕入れ等を行った課税期間の初日	令和　年　月　日
			この届出による①の「適用開始課税期間」は、高額特定資産の仕入れ等を行った課税期間の初日から、同日以後３年を経過する日の属する課税期間までの各課税期間に該当しない	はい □
		B	仕入れ等を行った課税期間の初日	○平成 ○令和　年　月　日
			建設等が完了した課税期間の初日	令和　年　月　日
			この届出による①の「適用開始課税期間」は、自己建設高額特定資産の建設等に要した仕入れ等に係る支払対価の額の累計額が１千万円以上となった課税期間の初日から、自己建設高額特定資産の建設等が完了した課税期間の初日以後３年を経過する日の属する課税期間までの各課税期間に該当しない	はい □

※　消費税法第12条の４第２項の規定による場合は、ハの項目を次のとおり記載してください。
1「自己建設高額特定資産」を「調整対象自己建設高額資産」と読み替える。
2「仕入れ等を行った」は、「消費税法第36条第１項又は第３項の規定の適用を受けた」と、「自己建設高額特定資産の建設等に要した仕入れ等に係る支払対価の額の累計額が１千万円以上となった」は、「調整対象自己建設高額資産について消費税法第36条第１項又は第３項の規定の適用を受けた」と読み替える。

※　この届出書を提出した課税期間が、上記イ、ロ又はハに記載の各課税期間である場合、この届出書提出後、届出を行った課税期間中に調整対象固定資産の課税仕入れ等又は高額特定資産の仕入れ等を行うと、原則としてこの届出書の提出はなかったものとみなされます。詳しくは、裏面をご確認ください。

参考事項	
税理士署名	（電話番号　－　－　）

※税務署処理欄					
整理番号		部門番号			
届出年月日	年　月　日	入力処理	年　月　日	台帳整理	年　月　日
通信日付印　年　月　日	確認	番号確認			

注意　1．裏面の記載要領等に留意の上、記載してください。
　　　2．税務署処理欄は、記載しないでください。

免税事業者が、令和５年(2023年)10月１日から令和11年(2029年) ９月30日までの日が属する課税期間に適格請求書発行事業者の登録を受け、登録を受けた日から課税事業者となる場合には、特例が設けられています。

「その課税期間から簡易課税制度の適用を受ける旨」を記載した「消費税

簡易課税制度選択届出書」を、その課税期間中に提出すれば、その課税期間から簡易課税制度を適用することができます。

免税事業者である個人事業者が令和5年(2023年)10月1日から登録を受けた場合で、令和5年(2023年)分の申告において簡易課税制度の適用を受けるとき

図6.13 登録と簡易課税制度の適用

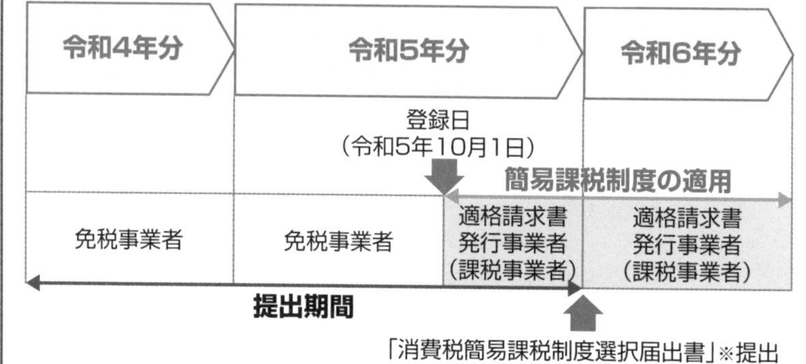

出典:国税庁軽減税率・インボイス制度対応室「消費税の仕入税額控除制度における適格請求書等保存方式に関するQ&A　問10」

上記の例で、この免税業者が令和5年(2023年)10月1日～令和5年(2023年)12月31日の期間で簡易課税制度の適用を受けるには、通常は令和5年(2023年)9月30日までに、消費税簡易課税制度選択届出書を提出しなければなりません。

しかし、令和5年(2023年)10月1日に適格請求書発行事業者の登録を受け、その日から課税事業者となっていますので、特例が適用され、令和5年(2023年)12月31日までに、消費税簡易課税制度選択届出書を提出すれば、簡易課税制度の適用を受けることができます。

フリーランス等免税事業者の方は、適格請求書発行事業者の登録を慎重に行わなければいけませんね。

6-5

新たに設立された法人等の登録時期

新たに設立された法人等には、以下の特例が設けられています。

❶新たに設立された法人が課税事業者の場合、課税期間の末日までに、課税期間の初日から登録を受けようとする旨の登録申請書を提出すれば、課税期間の初日に登録を受けたものとみなされる。

❷新たに設立した法人が免税事業者の場合、課税期間の末日までに、消費税課税事業者選択届出書と登録申請書を併せて提出すれば、事業開始(設立)時から、適格請求書発行事業者の登録を受けることができる。

私の友人が会社を設立するというんです。本則課税の得意先が多く見込まれるので、適格請求書をすぐに交付したいといっています。でも、会社ができても、適格請求書発行事業者として登録されるまでの間、適格請求書は発行できないんですよね。

そんな場合を想定して、新しく設立した法人には特例が設けられているんだ。

新たに設立された法人等は、いつから適格請求書を発行できる？

適格請求書発行事業者の申請登録を行うことができるのは、事業開始後(会社の場合設立後)です。この場合、事業開始後または会社設立後、すぐに適格請求書発行事業者の登録申請を行っても、適格請求書を発行できない期間が生じることになります。

その期間の取引について、本則課税の取引先は仕入税額控除を行えないため、営業が難しくなることも考えられます。

このような事態を防ぐため、「新たに設立された法人等の登録時期の特例」が設けられています。

新たに設立した法人が課税事業者の場合、「事業を開始した日の属する課税期間の初日から登録を受けようとする旨」を記載した登録申請書を、事業を開始した日の属する課税期間の末日までに提出すれば、その課税期間の初日に登録を受けたものとみなされます。

つまり、事業を開始した日にさかのぼって、適格請求書を発行できるようになります。

図6.14 「事業を開始した日の属する課税期間の初日から登録を受けようとする旨」を記載した登録申請書

氏名又は名称

免税事業者の確認

該当する事業者の区分に応じ、□にレ印を付し記載してください。

□ 令和5年10月1日から令和11年9月30日までの日の属する課税期間中に登録を受け、所得税法等の一部を改正する法律（平成28年法律第15号）附則第44条第4項の規定の適用を受けようとする事業者
※ 登録開始日から納税義務の免除の規定の適用を受けないこととなります。

個人番号				
事業内容等	生年月日（個人）又は設立年月日（法人）	○明治 ○大正 ○昭和 ○平成 ○令和 年 月 日	法人のみ記載 事業年度	自 月 日 至 月 日
			法人のみ記載 資本金	円
	事業内容		登録希望日	(令和5年10月1日を希望する場合、記載不要) 令和 年 月 日

□ 消費税課税事業者（選択）届出書を提出し、納税義務の免除の規定の適用を受けないこととなる課税期間の初日から登録を受けようとする事業者

課税期間の初日
※ 令和5年10月1日から令和6年3月31日までの間のいずれかの日
令和 年 月 日

登

課税事業者です。
※ この申請書を提出する時点において、免税事業者であっても、「免税事業者の確認」欄のいずれかの事業者に該当する場合は、「はい」を選択してください。

□ はい □ いいえ

☑を付け、課税期間の初日に事業開始日（設立日）を記載する

また、**新たに設立した法人が免税事業者の場合、事業開始（設立）時から、適格請求書発行事業者の登録を受けるためには、設立後、その課税期間の末日までに、消費税課税事業者選択届出書（令和5年(2023年)10月1日から令和11年(2029年)9月30日までの日に属する課税期間中に登録を受ける場合は不要です）と登録申請書を併せて提出することが必要です。**

令和X年11月1日に法人（3月決算）を設立し、令和X＋1年2月1日に登録申請書と消費税課税事業者選択届出書（※）を併せて提出した免税事業者である法人の場合

※令和5年（2023年）10月1日から令和11年（2029年）9月30日までの日に属する課税期間中に登録を受ける場合は不要です。

図6.15 新設法人の特例

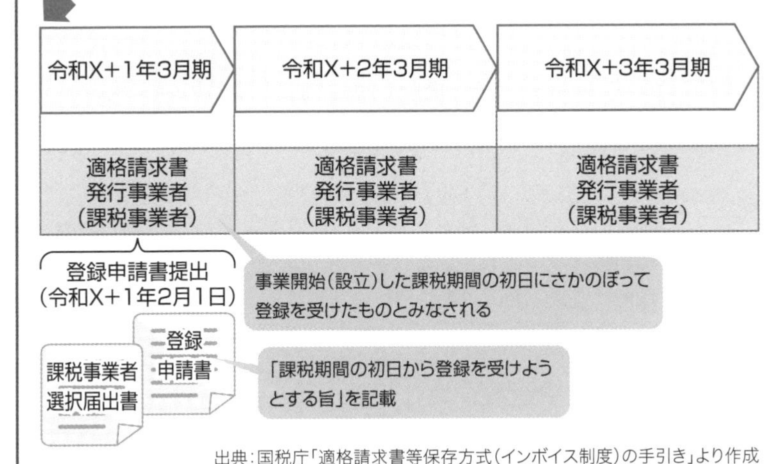

出典：国税庁「適格請求書等保存方式（インボイス制度）の手引き」より作成

上記の例では、登録申請を行ったのはX+1年2月1日ですが、設立したX年11月1日にさかのぼって、適格請求書発行事業者となっています。

この特例があれば、新規に会社を設立しても安心ですね。

6-6

個人事業主が死亡し、事業継承した場合に手続は必要？

個人事業主が死亡し、事業継承した場合でも、新たに適格請求書発行事業者の登録申請が必要になります。また、必要となる手続は死亡日によって異なります。

❶令和5年(2023年)10月1日より前に死亡した場合、別途、登録申請書を提出しなければならない

❷令和5年(2023年)10月1日以後に死亡した場合、適格請求書発行事業者の死亡届出書、登録申請書を提出しなければならない

私の友人の父が余命1年と診断されたらしいんです。適格請求書発行事業者の申請はすでにしているのですが、お亡くなりになって友人が事業を引き継ぐ場合、適格請求書発行事業者は引き継げるんでしょうか。

それは気の毒だし、大変だね。縁起でもない話だけれど、お亡くなりになった日によって、手続が変わってくるから、注意した方がいいかもしれない。

相続のあった場合

相続により事業を承継した場合、被相続人の死亡日により必要となる手続が変わってきます。

①被相続人が令和5年(2023年)10月1日より前に死亡した場合

令和5年(2023年)10月1日から登録を受けることを予定していた事業者が、令和5年(2023年)10月1日より前に死亡した場合、登録の効力は生じません。

相続により事業を承継した相続人が、適格請求書発行事業者の登録を受けるには、別途、登録申請書を提出する必要があります。

この場合、「令和5年3月31日までに登録申請書を提出できなかったこ

とにつき困難な事情がある場合」に該当します。6-1節を参照してください。

②被相続人が令和５年(2023年)10月1日以後に死亡した場合

令和５年(2023年)10月1日以後に適格請求書発行事業者が死亡した場合、その相続人は「適格請求書発行事業者の死亡届出書」を提出しなければなりません。届出書の提出日の翌日又は死亡した日の翌日から４月を経過した日のいずれか早い日に登録の効力が失われます。

図6.16 適格請求書発行事業者の死亡届出書

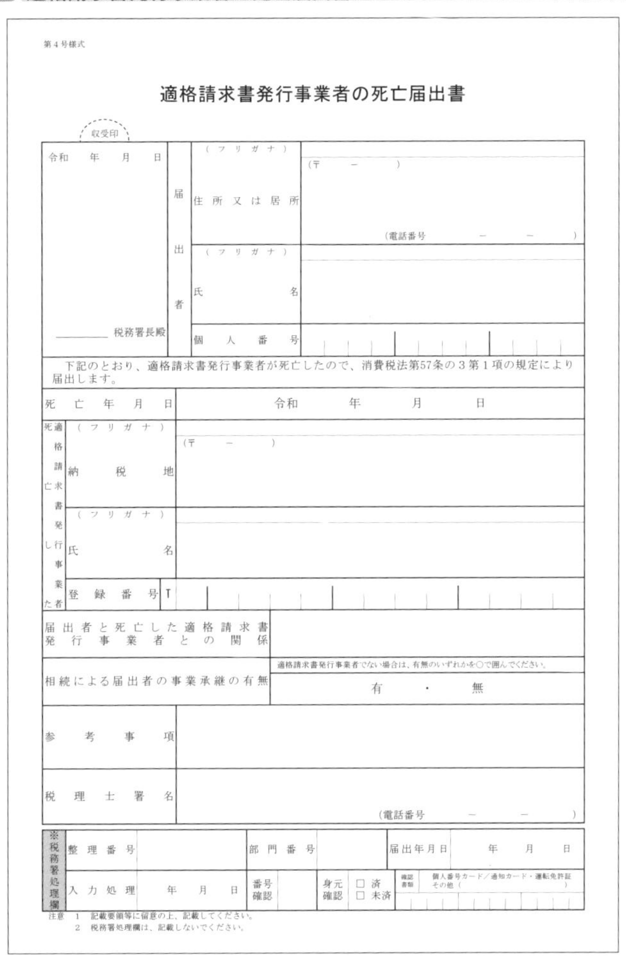

第４号様式

適格請求書発行事業者の死亡届出書

収受印

令和　年　月　日	届出者	(フリガナ)	
		住所又は居所	(〒　－　) (電話番号　－　－　)
		(フリガナ)	
		氏名	
＿＿＿＿ 税務署長殿		個人番号	

下記のとおり、適格請求書発行事業者が死亡したので、消費税法第57条の３第１項の規定により届出します。

死亡年月日		令和　年　月　日
死亡した適格請求書発行事業者	(フリガナ)	
	納税地	(〒　－　)
	(フリガナ)	
	氏名	
	登録番号	T
届出者と死亡した適格請求書発行事業者との関係		
相続による届出者の事業承継の有無		適格請求書発行事業者でない場合は、有無のいずれかを○で囲んでください。 有 ・ 無
参考事項		
税理士署名		(電話番号　－　－　)

※税務署処理欄							
整理番号		部門番号		届出年月日		年　月　日	
入力処理	年　月　日	番号確認		身元確認	□ 済 □ 未済	確認書類	個人番号カード／通知カード・運転免許証 その他（　）

注意　1　記載要領等に留意の上、記載してください。
　　　2　税務署処理欄は、記載しないでください。

相続により事業を承継した相続人が、適格請求書発行事業者の登録を受けるためには、相続人の登録申請書の提出が必要となります。

この場合、相続人を適格請求書発行事業者とみなす措置が設けられています。「相続があった日の翌日から、相続人が適格請求書発行事業者の登録を受けた日の前日」または「適格請求書発行事業者が死亡した日の翌日から4か月を経過する日」のいずれか早い日までの期間について、亡くなった適格請求書発行事業者の登録番号は相続人の登録番号とみなされます。

図6.17 相続人を適格請求書発行事業者とみなす措置

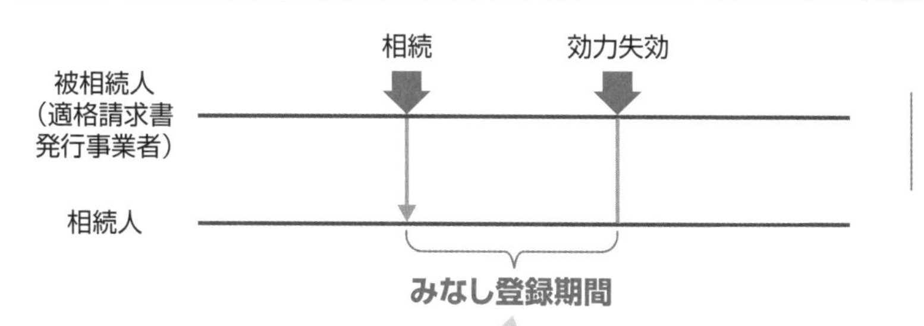

相続があった日の翌日から、①と②のいずれか早い日までの期間
①相続人が登録を受けた日の前日
②被相続人の死亡日の翌日から4か月を経過する日

この特例があれば、適格請求書の交付については、心配しなくても大丈夫そうですね。

6-7

適格請求書発行事業者の登録を受けた後の留意点

- 適格請求書発行事業者の登録を受けた後は、以下の点に注意が必要です。
- ❶基準期間の課税売上高が1,000万円以下になっても、登録が有効である間は、消費税の申告が必要
- ❷課税事業者である取引の相手から適格請求書の交付を求められたら、必ず適格請求書を交付しなければならない
- ❸公表事項に変更が生じた場合や、登録を失効させるには、届出書等の提出が必要

登録を受けた後はどんなことに注意すればいいでしょうか。

免税事業者だったら、登録している間、消費税の申告をしなければならないことが重要だね。また、変更等が生じた場合は、届出が必要になるよ。

登録を受けた後に注意すべきこと

適格請求書発行事業者の登録を受けた場合、基準期間の課税売上高が1,000万円以下になっても、登録が有効である間は、消費税の申告が必要です。

適格請求書発行事業者は、課税事業者である取引の相手から適格請求書の交付を求められたら、必ず適格請求書を交付しなければなりません。

公表事項に変更が生じた場合や、登録を失効させる次ページの場合には、届出等が必要です。

図6.18 手続が必要な場合と提出する届出書

	手続が必要な場合	提出する届出書
①	氏名又は名称、本店又は主たる事務所の所在地（法人のみ）に変更があった場合	適格請求書発行事業者登録簿の登載事項変更届出書
②	適格請求書発行事業者の公表事項の公表（変更）申出書に記載した公表事項に変更があった場合	適格請求書発行事業者の公表事項の公表（変更）申出書
③	登録の取消を求める場合	適格請求書発行事業者の登録の取消を求める旨の届出書
④	事業を廃止した場合	事業廃止届出書
⑤	法人が合併により消滅した場合	合併による法人の消滅届出書
⑥	個人事業者が死亡した場合	適格請求書発行事業者の死亡届出書

出典：国税庁「適格請求書等保存方式（インボイス制度）の手引き」より作成

③⑥の場合、提出できるのは、令和５年(2023年)10月1日以降になります。

また③の場合、「消費税課税事業者選択届出書」を提出した事業者が、免税事業者に戻るには「消費税課税事業者選択不適用届出書」の提出も必要です。

適格請求書発行事業者の登録の取消

下記の取消事由に該当する場合、適格請求書発行事業者の登録が取り消されることがあります。

① １年以上所在不明である
② 事業を廃止したと認められる
③ 法人の場合、合併により消滅したと認められる
④ 納税管理人を定めなければならない事業者が、納税管理人の届出をしていない
⑤ 消費税法の規定に違反して罰金以上の刑に処せられた

⑥ 登録拒否要件に関する事項について、虚偽の記載をした登録申請書を提出し、登録を受けた

上記①の「所在不明」とは、消費税の申告書の提出がない等の場合に、文書の返戻や電話の不通等、事業者と必要な連絡が取れないときなどが該当します。

公表事項に変更が生じる場合には、届出書をすぐに出すように注意しますね。

第7章

消費税の基本的な仕組みを押さえよう

適格請求書等保存方式（インボイス制度）について知っておきたいが、実は消費税について、あまり詳しくないという方もいらっしゃると思います。

この章では、適格請求書等保存方式（インボイス制度）を理解するために最低限必要な消費税の知識を紹介しています。

消費税の計算原理、標準税率と軽減税率、事業者免税点制度と簡易課税制度がわかれば、適格請求書等保存方式（インボイス制度）は十分に理解することができます。

7-1

消費税の計算の仕組み

- 消費税の基本的な仕組みは以下の通りです。
- ❶消費税は国内における商品の販売、サービスの提供を課税対象とする税金
- ❷取引の各段階ごとに標準税率10%または軽減税率8%で課税される
- ❸売上税額から仕入税額を差し引いた金額を納付する

適格請求書等保存制度を学習すればするほど、消費税をよく理解していないことを痛感しました。消費税の復習が必要ですね。

これを機会に消費税の基本的な仕組みを確認してみようか。

消費税はどんな税？

消費税は、国内における商品の販売、サービスの提供を課税対象とする税金です。取引の各段階ごとに標準税率10%(うち2.2%は地方消費税)、軽減税率8%(うち1.76%は地方消費税率)の税率で課税されます。

一つの商品の流通経路で介在した事業者ごとに課税が発生します。そのため、生産、流通の各段階で二重、三重に税が課税されないように、前の段階(事業者)で課税された消費税について、売上にかかる消費税から控除する仕組みになっています。

POINT

消費税では二重、三重の課税とならないように、前の段階で課税された消費税を控除する仕組みになっています。

図7.1　消費税の負担と納付の流れ

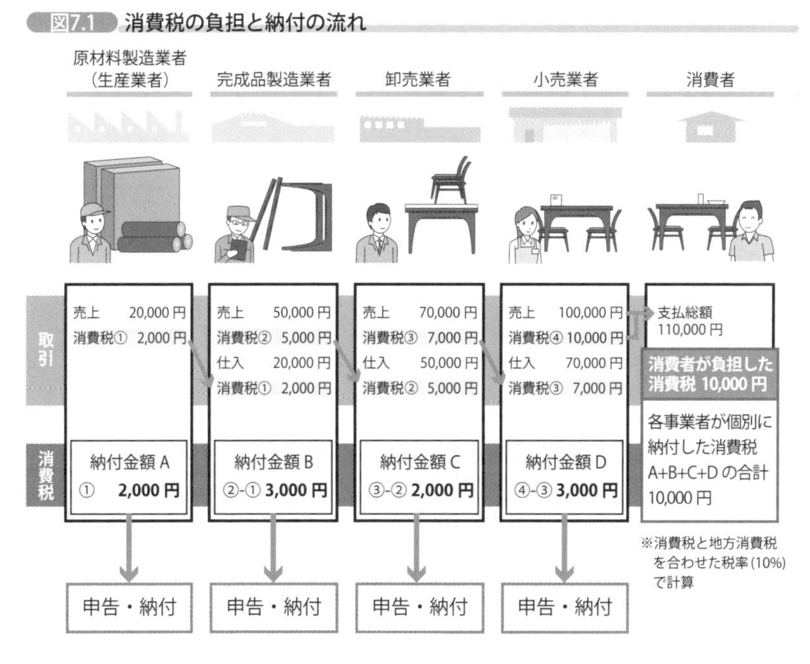

出典：国税庁「消費税のあらまし（令和4年6月）」より作成

上図を見てください（上図は標準税率10%を前提としています）。

まず、原材料製造業者から完成品製造業者が20,000円で商品を仕入れた場合、原材料製造業者は売上20,000円にかかる消費税10%の2,000円①を申告納税します。

次に完成品製造業者はこの商品を卸売業者に50,000円で売上げたとした場合、消費税5,000円②が発生しますが、原材料製造業者から商品を仕入れたとき、2,000円①の消費税が課税されていますので、二重にならないよう5,000円から2,000円を控除し、3,000円(②-①)を申告納税することになります。

そして卸売業者が小売業者にこの商品を70,000円で売上げたとした場合、消費税7,000円③が発生しますが、完成品製造業者から商品を仕入れたとき、5,000円②の消費税が課税されていますので、二重にならないよう7,000円から5,000円を控除し、2,000円(③-②)を申告納税することになります。

最後に小売業者が一般消費者にこの商品を100,000円で販売したとすると、一般消費者は10,000円④の消費税を支払うこととなります。小売業者は仕入れたときの7,000円③の消費税を負担していますので10,000円から7,000円を控除した3,000円(④-③)の消費税を申告納税することとなります。

結果として、納付される消費税額の合計は以下となり、消費者が負担した消費税額に一致します。

2,000円① + 3,000円(②-①) + 2,000円(③-②) + 3,000円(④-③)=10,000円

以上から、課税売上に係る消費税額から課税仕入等に係る消費税額を控除することによって、税が累積しない仕組みとなっていることがわかります。

ポイントは、二重、三重に税が課されることがないよう、課税売上に係る消費税額から課税仕入等に係る消費税額を控除することだよ。

今まで何も考えずに、売上税額から、仕入税額を控除していましたが、この計算は二重課税を防ぐためだったんですね。

7-2

標準税率と軽減税率

税率には標準税率10%と軽減税率8%があります。軽減税率は以下のものを対象にしています。

❶酒類、外食を除く飲食料品

❷週２回以上発行される新聞（定期購読契約に基づくもの）

小田切さん、初歩的な質問ですが、なぜ消費税には 8% のものと 10% のものがあるんですか。

標準税率と軽減税率の話だね。一言でいうと、生活必需品の税率を低くするためなんだ。

標準税率と軽減税率

軽減税率は、消費税率を10%にした際、導入されました。消費税増税による消費者の負担を軽減するためです。飲食料品など一部生活必需品の税率を8%に据え置くことで、所得が低い人ほど税負担が重くなる「消費税の逆進性」を緩和しようとしたものです。

軽減税率は、次の①と②の品目の譲渡を対象としています。

① 酒類、外食を除く飲食料品

② 週２回以上発行される新聞（定期購読契約に基づくもの）

導入当時にも話題になりましたが、テイクアウトや出前・宅配等のように単に飲食料品を届けるだけのものは軽減税率の対象となりますが、外食等の食事の提供、ケータリング等は軽減税率の対象になりません。

厳密には、消費税の税率は、標準税率7.8%、軽減税率6.24%の複数税率です。これに合わせて地方消費税が消費税率換算でそれぞれ、2.2%、1.76%（ともに消費税額の22/78）課税されます。最終的な税率は標準税率10%、軽減税率8%となります（5-1節参照）。

消費税と地方消費税の税率は下記の表のようになります。

図7.2 消費税と地方消費税の税率

	標準税率	軽減税率
消費税率	7.8%	6.24%
地方消費税率	2.2% （消費税額の22/78）	1.76% （消費税額の22/78）
合計	10.0%	8.0%

出典：国税庁「消費税のあらまし（令和4年6月）」

軽減税率のおかげで経理処理が面倒になるので、いつも目の敵のように考えていました。冷静に考えると、私も含めて、所得の少ないものにとって軽減税率は、ありがたいですね。

7-3

納税事務の負担軽減措置等

- 納税事務の負担軽減措置には、次の2つのものがあります。
  - ❶事業者免税点制度
  - ❷簡易課税制度

当社は、設立以来、課税事業者です。今まで、本則課税が適用されていたので、事業者免税点制度、簡易課税制度にあまりなじみがありません。これを機会に教えていただけないでしょうか。

納税事務は手間がかかるから、事業者の負担が軽くなるような措置なんだ。

事業者免税点制度とは

課税期間の基準期間における課税売上高が1,000万円以下の事業者は、その課税期間に行った商品の販売、サービスの提供について、納税義務が免除されます。この事業者を「免税事業者」といいます。

免税事業者は、その課税期間、商品の販売、サービスの提供に消費税が課税されないとともに、課税仕入等について、消費税額の控除もできません。

また、基準期間の課税売上高が1,000万円以下であっても、特定期間における課税売上高が1,000万円を超えた場合、この課税期間から課税事業者になるので注意が必要です。

基準期間とは、個人事業者については、その年の前々年、法人についてはその事業年度の前々事業年度をいいます。また、特定期間とは、個人事業者の場合は、その年の前年の1月1日から6月30日までの期間、法人の場合は、原則として、その事業年度の前事業年度開始の日以後6か月の期間をいいます。

図7.3 個人事業者の納税義務

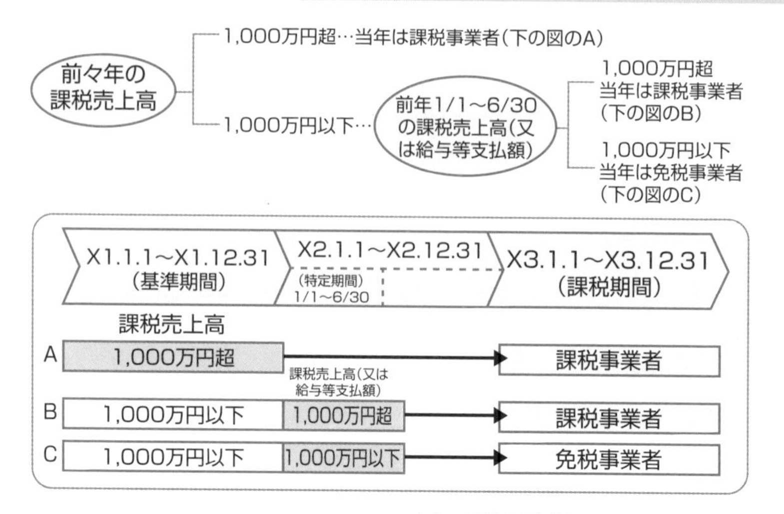

出典：国税庁「消費税のあらまし(令和4年6月)」

図7.4 法人の納税義務

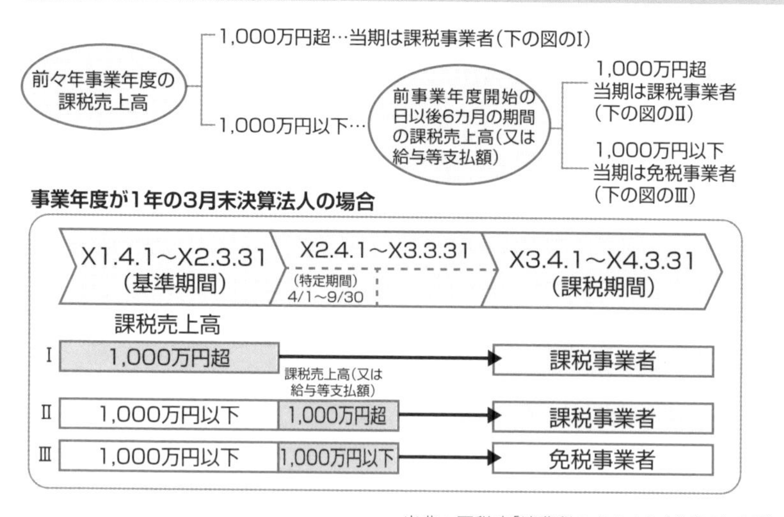

出典：国税庁「消費税のあらまし(令和4年6月)」

簡易課税制度とは

消費税の計算は、売上税額から仕入税額を差し引くのが原則です。しかし、事業者の規模によっては、仕入税額を集計するだけでも大きな事務負担となります。

簡易課税制度は、そのような中小事業者の納税事務負担に配慮し、事業者の選択により、売上に係る消費税額を基礎として仕入に係る消費税額を算出することができる制度です。

具体的には、課税期間の課税標準額に対する消費税額にみなし仕入率をかけて計算した金額が、仕入控除税額になります。

> 例)みなし仕入率が90%の卸売事業者の売上税額が3,000,000円だった場合：
> 仕入税額　3,000,000円×90%=2,700,000円
> 消費税の納付額　3,000,000円-2,700,000円=300,000円

上記のように、実際の課税仕入等の消費税額を計算する必要がなく、売上に係る消費税から納付する消費税額を計算することができます。

簡易課税制度を選択するには、次の2つの要件を満たす必要があります。

① 課税期間の基準期間の課税売上高が5,000万円以下である
② 適用を受けようとする課税期間の初日の前日までに「消費税簡易課税制度選択届出書」を提出している

POINT

簡易課税制度では、課税標準額に対する消費税にみなし仕入率を掛けて仕入控除税額を計算します。

図7.5 適用関係

個人事業者の適用関係

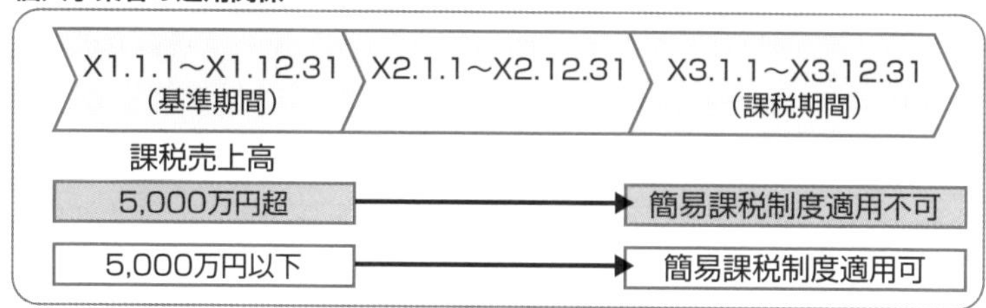

法人の適用関係（事業年度が1年の3月末決算法人の場合）

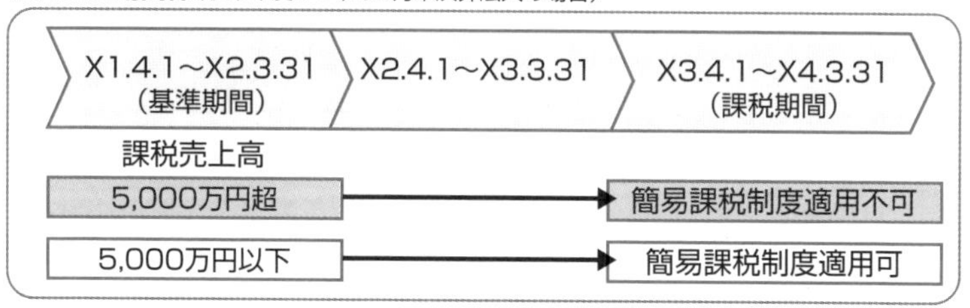

出典：国税庁「消費税のあらまし（令和4年6月）」

簡易課税制度のみなし仕入率は、事業者の営んでいる事業によって、以下のように定められています。

図7.6 簡易課税制度の事業区分とみなし仕入率

事業区分	該当する事業	みなし仕入率
第一種事業	卸売業（他の者から購入した商品を、その性質及び形状を変更しないで他の事業者に販売する事業）	90%
第二種事業	小売業（他の者から購入した商品を、その性質及び形状を変更しないで消費者に販売する事業） 農業・林業・漁業（飲食料品の譲渡に係る事業）	80%
第三種事業	農業・林業・漁業（飲食料品の譲渡に係る事業を除く） 鉱業・建設業・製造業・電気業・ガス業・熱供給業及び水道業	70%
第四種事業	第一種事業・第二種事業・第五種事業・第六種事業以外の事業（飲食店業等）・事業者が自己で使用していた固定資産を譲渡する場合も該当する	60%
第五種事業	運輸通信業・金融業及び保険業・サービス業（第一種事業から第三種事業までに該当しないもの）	50%
第六種事業	不動産業	40%

出典：国税庁「消費税のあらまし（令和4年6月）」

第8章

令和5年度与党税制改正大綱の概要

令和4年(2022年)12月23日に閣議決定された「令和5年度与党税制改正大綱」には、適格請求書等保存方式(インボイス制度)について、いくつかの緩和措置が盛り込まれました。

税制改正大綱は、国会で審議された後、可決されるまでは、確定ではありませんが、経理実務担当者は、将来に備えて、内容を知っておく必要があります。

また、フリーランス等の免税事業者の方が、適格請求書発行事業者の登録を行うか否かの意思決定についても、追加的判断材料になると思います。

本章では、「令和5年度与党税制改正大綱」で公表された内容について、概略を説明します。

※尚、この章は令和4年12月23日に閣議決定された「令和5年度与党税制改正大綱」に基づいて作成しています。国会で可決されるまでの間の審議等によって、内容に変更の生じる可能性のある点にご留意ください。

8-1

令和5年度与党税制改正大綱の緩和措置

令和4年(2022年)12月23日に閣議決定された「令和5年度与党税制改正大綱」には、適格請求書等保存方式(インボイス制度)について、以下の緩和措置が盛り込まれました。

1. 免税事業者が適格請求書発行事業者登録した場合、3年間、納付する消費税を課税標準額に対する消費税の20%とすることができる(2割特例)。
2. 中小企業の1万円未満の仕入・経費は、適格請求書等がなくとも仕入税額控除ができるものとする(少額特例)。
3. 1万円未満の場合、適格返還請求書の交付義務を免除する。
4. 登録手続を見直し、登録申請を柔軟化する。

「与党税制改正大綱」は通常、翌年2月頃に税制改正法律案が国会に提出され、審議に入り、3月頃に可決されて4月に施行されます。本稿執筆時点(令和4年(2022年)12月29日)の内容は、今後の国会審議等により、一部変更される可能性がありますが、実務に携わる方にとっては、有用な情報と考えますので、内容について、概要を説明します。

経理担当者は、税法の改正についての動向を常に意識しよう。

8-2

免税事業者がインボイス登録した場合の3年間の緩和措置(2割特例)

免税事業者が適格請求書発行事業者登録した場合等について、以下の緩和措置が設けられました。

❶仕入税額控除を、課税標準額に対する消費税に80%をかけた金額として計算できる。

❷この経過措置が適用されるのは、令和５年(2023年)10月１日から令和８(2026年)年9月30日までの日が属する各課税期間。

フリーランスの方が、適格請求書発行事業者となると、今まで免税事業者であっても消費税を納付することになるので、影響が大きいですね。

免税事業者が適格請求書発行事業者登録した場合の影響を緩和するため、３年間の経過措置が設けられる予定なんだ。

免税事業者がインボイス登録した場合の3年間の緩和措置（2割特例）

今まで何度か説明したとおり、適格請求書発行事業者登録すると、免税事業者は消費税の課税事業者となります。適格請求書等保存方式の開始は、従来の免税事業者にとって影響が大きいため、税制改正大綱では、3年間の緩和措置を設けることを予定しています。

具体的には、仕入税額控除を、課税標準額に対する消費税に80%をかけた金額として計算できるというものです。結果として、納付する消費税は課税標準額に対する消費税の20%になります(2割特例)。

この経過措置は、令和５年(2023年)10月１日から令和8年(2026年)9

月30日までの日が属する各課税期間に、適格請求書発行事業者登録や課税事業者選択届出書の提出によって、免税事業者から課税事業者となった適格請求書発行事業者に適用されます。基準期間の売上高が1,000万円超となり、課税事業者となる事業者には適用されませんので、注意が必要です。

図8.1 本則課税、簡易課税と2割特例の比較

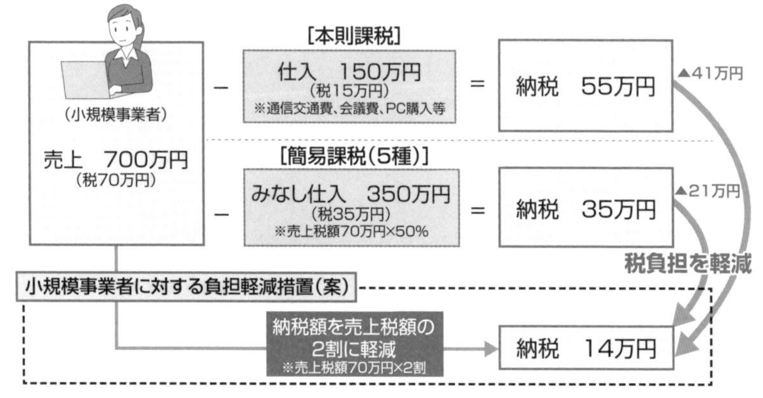

令和4年12月16日　税務研究会配信　財務省資料をもとに作成

2割特例を選択した場合、具体的な納税額の計算は以下のようになります。

A商店の当年の売上高は770万円(全て10%対象税込)であった。当年納付する消費税について、2割特例の適用を受ける。

売上税額の計算

770万円×10/110=70万円

納付税額の計算

70万円×20%=14万円

2割特例の適用を受けると、以下のメリットがあります。

(1) 業種によって、簡易課税制度と比べて、税負担が軽減できる(第1種事業者、第2種事業者以外であれば、税負担が軽減できます。簡易課税制度のみなし仕入率については188ページを参照してください)。
(2) 事業区分の検討、仕入税額控除のために適格請求書等の保存をしなくてよい。

以下の場合は2割特例の対象外となります。

① 課税期間の特例の適用により、通常1年間の課税期間を届出により3か月ごとまたは1か月ごとに短縮している場合。
② インボイス制度開始前(令和5年(2023年)10月1日より前)から課税事業者を選択している場合は、令和5年(2023年)10月1日の属する課税期間。

②を適用すると、適格請求書等保存方式を見越して、課税事業者登録した者が、不利益をこうむる可能性があります。そこで、課税事業者選択届出書の提出により、令和5年(2023年)10月1日の属する課税期間から課税事業者になることを選択しても、令和5年(2023年)10月1日の属する課税期間中に課税事業者選択不適用届出書を提出すれば、免税事業者に戻ることができることを予定しています。その後、適格請求書発行事業者になれば、2割特例の対象になることができます。

図8.2 インボイス制度開始前（令和5年10月1日より前）から課税事業者を選択している場合）

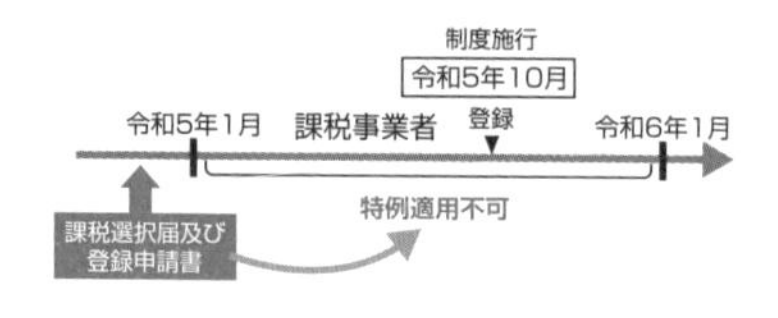

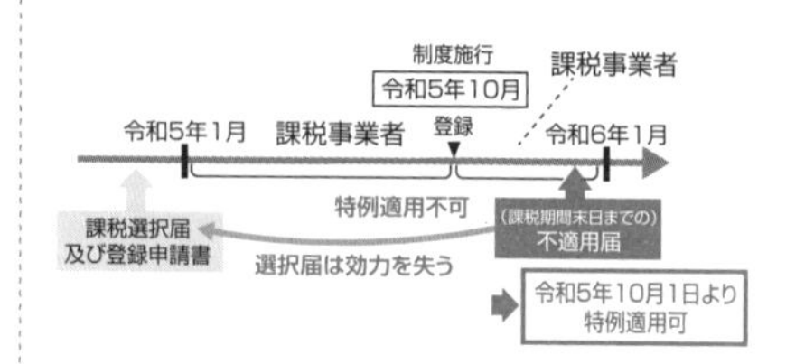

令和4年12月16日　税務研究会配信　財務省資料をもとに作成

2割特例の適用を受ける場合、事前の届出を行う必要はありません。適格請求書発行事業者は、確定申告書を提出するときに、その旨を付記することで選択適用が認められます。

また、2割特例の適用を受けた適格請求書発行事業者の基準期間の課税売上高が1,000万円超となり、翌課税期間から、2割特例を受けられなくなる場合も想定されます。

この場合、課税期間の初日の前日までに「消費税簡易課税制度選択届出書」を提出できなくとも、翌課税期間に簡易課税を選択したい場合は、その課税期間中に「簡易課税制度の適用を受ける旨の届出書」を税務署長に提出すれば、提出した日の属する課税期間から簡易課税制度の適用が認められます（187ページと対比してください）。

2割特例があると、フリーランスの方も適格請求書発行事業者になりやすくなりますね。

8-3

少額特例と登録手続の見直し・柔軟化

令和5年度与党税制改正大綱には、以下の改正も予定されています。

❶中小企業の1万円未満の仕入・経費は、適格請求書等がなくとも仕入税額控除ができる(少額特例)。

❷1万円未満の適格返還請求書の交付義務を免除する。

❸登録手続を見直し、登録申請を柔軟化する。

税制改正大綱に、ずいぶん大きな緩和措置が盛り込まれたんですね。2割特例の他にはどんな改正が予定されているんですか。

6年間だけど、中小企業では1万円未満の課税仕入について、帳簿の保存だけで仕入税額控除が認められる予定だね。また、1万円未満の適格返還請求書は交付が不要になるし、登録手続も見直される予定だよ。

中小企業の1万円未満の仕入・経費のインボイス不要(少額特例)

基準期間の課税売上高が1億円以下又は特定期間における課税売上高が5,000万円以下である事業者の課税仕入について、支払対価の額が1万円未満の場合には、一定の事項を記載した帳簿の保存だけで、仕入税額控除を認めることが予定されています。

この緩和措置は、令和5年10月1日から令和11年9月30日までの間に行われた課税仕入に限定されています。

1万円未満の適格返還請求書の交付義務免除

売上に係る対価の返還等に係る税込価格が1万円未満である場合、適格返還請求書の交付義務が免除されることが予定されています。この措置は、令和５年10月１日以後の課税資産の譲渡等による売上の対価の返還等について適用されます。

この措置によれば、事務処理が煩雑になると懸念されていた　1)請求書発行後の端数値引　2)売手負担の振込手数料について、新たな書類の発行が不要になります。

登録手続の見直し、登録申請の柔軟化

適格請求書発行事業者登録制度について、以下の見直しが予定されています。

① 免税事業者が、課税期間の初日から登録を受けようとする場合、課税期間の初日から15日前の日(現行では、課税期間の初日の前日から起算して１月前の日です。)までに適格請求書発行事業者の登録申請書を提出すれば、登録が希望日より後になっても、課税期間の初日に登録を受けたものとされます。

② 免税事業者が、令和5年(2023年)10月1日以降に登録を受けようとする場合、希望日から15日前の日までに適格請求書発行事業者の登録申請書を提出すれば、登録が希望日より後になっても、希望日に登録を受けたものとされます。

また、登録を取消す届出書の提出期限についても、同様の緩和が予定されています。

大綱の公表前、令和5年(2023年)10月１日の登録を希望し、令和5年(2023年)3月31日までに登録申請書を提出できなかった場合、令和5年(2023年)9月30日までの間は登録申請書に「申請に遅れた理由」を記載して提出することとなっていました(6-1節を参照してください)。

大綱では、上記の支援措置の趣旨を踏まえて、令和5年(2023年)3月31日までに登録申請書を提出できなかった場合でも、「申請に遅れた理由」の記載は不要としています。

図8.3　登録申請の柔軟化

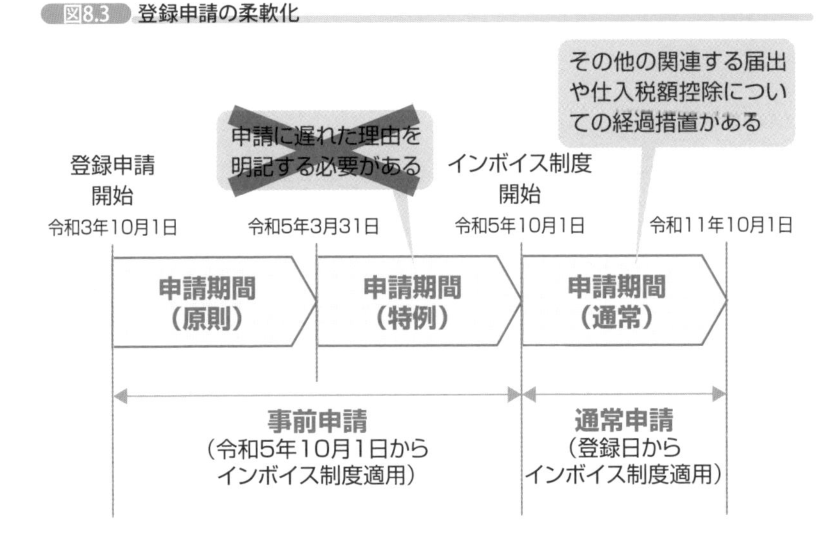

これで免税事業者の方が適格請求書発行事業者として登録するハードルがだいぶ下がりましたね。

おわりに

インボイス制度は、事業者に多大な影響を与える制度です。

本則課税の事業者は、適格請求書等を受領し、保存しないと仕入税額控除を受けることができなくなります。

また、適格請求書発行事業者となられる方は、課税事業者から求められれば、適格請求書等を交付する義務を負うことになります。

特に、免税事業者の方は、適格請求書発行事業者になると、消費税を納税しなければならなくなりますので、慎重な意思決定が求められます。

本書を読了された皆様は、上記については十分に理解され、インボイス制度について、十分な知識を身につけられたと思います。

経理実務を行うには、単に業務を行うだけではなく、将来会社に適用される可能性のある法令について、知っておかなければなりません。特に税法が改正されると、会社の処理、事務手続に多大な影響を与えますので、税法の改正は常に意識する必要があります。

皆様が、この本で身につけた知識を使って、会社の実務で大いに力を発揮されることを期待しております。

2023年1月

公認会計士　大山　誠

参考文献及び図版の出典

- 国税庁「消費税のあらまし(令和4年6月)」
- 国税庁「令和3年分　消費税及び地方消費税の確定申告の手引き　個人事業者用(一般用)」
- 国税庁「消費税及び地方消費税の申告書(一般用)の書き方＜令和4年4月作成(法人用)
- 国税庁「適格請求書等保存方式(インボイス制度)の手引き」
- 国税庁「「適格請求書等保存方式の概要-インボイス制度の理解のためにー」
- 国税庁軽減税率・インボイス制度対応室「消費税の仕入税額控除制度における適格請求書等保存方式に関するQ&A」
- 財務省主税局税制第二課「インボイス説明資料(令和4年5月)」
- 「令和５年度税制改正の大綱」令和４年12月23日 閣議決定
- 「令和4年12月16日　税務研究会配信　財務省資料」
- 国税庁「適格請求書発行事業者の登録申請書」(国内事業者用)
- 国税庁「適格請求書発行事業者の公表事項の公表(変更)申出書」
- 国税庁「適格請求書発行事業者の登録の取消しを求める旨の届出書」
- 国税庁「消費税簡易課税制度選択届出書」
- 国税庁「適格請求書発行事業者の死亡届出書」
- 国税庁「任意組合等の組合員の全てが適格請求書発行事業者である旨の届出書」
- 国税庁「任意組合等の組合員が適格請求書発行事業者でなくなった旨等の届出書」

索引 INDEX

◎数字

2割特例……191

◎あ行

誤ったインボイスを受領した場合……102
新たに設立された法人等……169
委託販売……75
一括値引……81
飲食店業……188
運輸通信業……188
益税……160
卸売業……188
卸売市場……56,101
卸売市場において行う生鮮食料品等の販売……57

◎か行

外貨建取引……48
ガス業……188
課税事業者登録の経過措置……163
簡易課税制度……187
簡易課税制度を選択する場合の特例……166
共同計算方式……58
共同事業の経費……119
共有資産の譲渡・貸付……89
漁業……188
金融業……188
区分記載請求書等保存方式……23
経過措置……115,191
軽減税率……183
軽減税率制度……22
建設業……188
鉱業……188
公共交通機関特例……57,106
公共交通料金……56,105
口座振替の経費……122
小売業……188
古物……105

◎さ行

サービス業……188
再生資源、再生部品……105
仕入税額控除……13
仕入税額控除にインボイスが要らない取引……105
仕入税額控除に保存が必要な書類……96
仕入明細書……33
事業継承……172
事業者免税点制度……185
質物……105
自動販売機……56,105
宿泊費……108

出張旅費……105
少額特例……195
消費税……126
消費税簡易課税制度選択届出書……167
消費税の計算の仕組み……180
水道業……188
請求書等に係る電子データの保存……112
請求書に誤りがあった場合……67
製造業……188

◎た行

第一種事業……188
第二種事業……188
第三種事業……188
第四種事業……188
第五種事業……188
第六種事業……188
代理交付……76
立替払経費……119
建物の購入……105
地方消費税……126
帳簿積上げ計算……138
帳簿の記載事項……24,98,109,116
通勤手当……109
積上げ計算……135
適格簡易請求書……39
適格請求書の記載事項……25
適格請求書の交付義務が免除される取引……56
適格請求書の保存……70
適格請求書発行事業者……54
適格請求書発行事業者の公表事項の公表(変更)申出書……149
適格請求書発行事業者の死亡届出書……173
適格請求書発行事業者の登録申請書……150
適格請求書発行事業者の登録申請書(国内事業者用)……151
適格請求書発行事業者の登録の取消しを求める旨の届出書……166
適格返還請求書……60
適用可能な税額計算の組み合わせ……142
電気業……188
電子データによる保存……72,112
登録申請の柔軟化……196
登録手続の見直し……196
登録番号……25
登録日……146
登録日による2年縛り……165
登録日をまたぐ請求書……85

登録を受けた後の留意点 175
取引先コードによる記載...........30

◎な行
日当 108
任意組合等 90
任意組合等の組合員が
適格請求書発行事業者で
なくなった旨等の届出書...........93
任意組合等の組合員の全てが
適格請求書発行事業者である
旨の届出書 91
熱供給業.....................188
農業 188
農林水産物の販売 56,101

◎は行
媒介者交付特例.................77
端数処理のルール 44
標準税率.....................183
販売奨励金 61
非課税取引 55
不課税取引 55
不動産業.....................188
フリーランスの免税事業者 160
保険業 188

◎ま行
見積額の経費 123
みなし仕入率..................188
無条件委託方式.................58
免税業者等からの課税仕入の
経過措置.....................115
免税事業者 160
免税取引......................55

◎ら行
林業........................188
令和5年度与党税制改正大綱......190

◎わ行
割戻し計算 130

著者
大山　誠（おおやま　まこと）

公認会計士・システム監査技術者・公認システム監査人（CISA）
東京大学経済学部経済学科卒業
公認会計士２次試験合格後、三興監査法人に８年、あずさ監査法人に12年勤務、現在監査法人アヴァンティアに勤務。主に玩具メーカー、証券会社、映像制作会社、リース会社等の会計監査、通信業、アミューズメント機器製造販売業、医療用医薬品、医療機器等の卸売業等のIT統制評価を担当。日本公認会計士協会「ITアシュアランス委員会」委員などを務める。
著書に「一番わかりやすい! 税効果会計の教科書（ソシム）」「グローバル企業のビジネスモデルをつかむ英文決算書の読み方（ソシム）」。共著に「内部統制を高める IT統制と監査の実務Q&A（中央経済社）」「IT内部統制ケースブック ―最新50の不備対応事例で学ぶ（東洋経済新報社）」がある。

監査法人アヴァンティアについて

監査法人アヴァンティアは監査業務を中心として、成長意欲旺盛な企業の支援を行う中堅適正規模の監査法人（業界13位）です。2008年の設立以来、上場企業監査、IPO監査などの監査業務に加えて、IFRSアドバイザリー、財務デュー・デリジェンスなどの各種アドバイザリー業務を積極的に展開し、ひとりひとりが自由職業人としての誇りと使命感を持って、証券市場の発展に寄与すべく邁進しています。詳しくはウェブサイト（www.avantia.or.jp）をご覧ください。

※本書は2023年1月現在の情報を元に執筆しています。制度の内容などについては、その後変更になる可能性があります。予めご了承ください。

■カバーデザイン
斉藤よしのぶ
■本文イラスト
高橋康明

即効(そっこう)！インボイス制度対応(せいどたいおう)マニュアル

発行日 2023年 2月15日 第1版第1刷
2023年 10月19日 第1版第3刷

著 者 大山(おおやま) 誠(まこと)

発行者 斉藤 和邦
発行所 株式会社 秀和システム
〒135-0016
東京都江東区東陽2-4-2 新宮ビル2F
Tel 03-6264-3105（販売）Fax 03-6264-3094
印刷所 三松堂印刷株式会社 Printed in Japan

ISBN978-4-7980-6911-1 C0033